日本弁護士連合会
再審における証拠開示に
関する特別部会編

現代人文社

隠された証拠が

冤罪を晴らす

再審における証拠開示の
法制化に向けて

はじめに

「再審における証拠開示問題」とは何か

鴨志田祐美 日本弁護士連合会 再審における証拠開示に関する特別部会 部会長

1.「再審における証拠開示問題」とは

　本書は、有罪の判決を受けた人が無実を主張して裁判のやり直しを求める「再審請求」という制度（刑事訴訟法第4編「再審」）の中に、「証拠開示」手続に関する条文を設けるべきだという問題について、一般市民の方々にも知っていただきたいという思いから、緊急出版するものです。

　そもそも、「再審における証拠開示」とは、どのような問題なのでしょうか。

　読者のみなさまは、刑事裁判では捜査機関（警察・検察）が収集したすべての証拠が裁判所に提出されていると思っていらっしゃるのではないでしょうか。実はそうではありません。

　通常の刑事裁判（確定審）において、検察官は被告人の処罰を求めて起訴します。したがって、集めた証拠のうち被告人を有罪とするための証拠は出しますが、被告人に有利な証拠、つまり被告人が無罪になる方向の証拠は出さないのが普通です。弁護人は検察官に対し、被告人に有利な証拠も開示するよう求めるのですが、検察官はなかなかそのような証拠を出してくれません。いまの制度では捜査機関が収集したすべての証拠を弁護人に開示することも、裁判所に提出することも義務づけられていないのです。したがって、捜査機関が集めた証拠の中に、被告人の無罪を証明する方向に働く証拠があったとしても、それらは裁判所に提出されず、捜査機関内に残されたままとなっていることがあります。この、確定審の段階で裁判所に提出されなかった証拠を「公判未提出証拠」といいます。

　「再審における証拠開示」とは、このような公判未提出証拠が再審請求の手続の中で開示されることをいいます。

誤った有罪判決を是正し、無実の者を冤罪から救い出す最後のチャンスとして、まさに「無辜（無実の人）の救済」を制度目的とする再審請求の場面では、確定審のときには捜査機関が提出していなかったものも含めて、すべての証拠が吟味されるべきではないでしょうか。

　では、現在行われている再審請求において、証拠開示はどんなふうに進められているのでしょうか。無罪を主張する再審請求人またはその弁護人の請求により、検察官が任意に開示する場合もありますが、再審請求人・弁護人の請求を受けた裁判所が訴訟指揮権に基づいて開示勧告を行い、これを受けた検察官によって証拠が開示される、というプロセスを経ることが多いのが実情です。

　近年では、本書でも紹介している、布川事件、東京電力女性社員殺害事件、袴田事件、松橋事件など、捜査段階で既に収集されていた無罪方向の証拠（＝「古い」新証拠）が、再審開始や再審無罪を導くケースが増えていることで、再審における証拠開示の重要性が認識されるようになりました。

　ただし、現行刑事訴訟法には、再審段階での証拠開示に関する手続規定がないため、裁判所が証拠開示に向けた訴訟指揮を行うか否かは、その事件を審理する裁判所の裁量、すなわち「さじ加減」に委ねられてしまっているのです。しかし、冤罪被害者が自らの無実を晴らすべく命を賭けて闘っているなかで、証拠開示が進むことで再審が開始されるのか、逆に証拠が開示されずに再審が認められないままで終わるのかが、担当裁判官の「さじ加減」で決まってしまうというのは、あまりにも不公平です。私が弁護人を務める大崎事件の第2次再審請求では、地裁と高裁とで証拠開示をめぐる裁判官の対応の違いが驚くほど顕著でした（本書39頁以下参照）。そのような経験から、私はこの問題を「再審格差」と名付けました。

　「再審格差」の根本的是正のためには、何よりもまず、再審における証拠開示手続を立法化することが喫緊の課題です。ところが、2016年の刑事訴訟法の改正のときには、再審請求審における証拠開示について様々な議論がされたものの、結局立法化は見送られてしまいました。

　もっとも、この2016年改正刑事訴訟法の附則9条3項に「政府は、この法律の公布後、必要に応じ、速やかに、再審請求審における証拠の開示（中略）等について検討を行うものとする」との条項が設けられたことから、現在、この附

はじめに——「再審における証拠開示問題」とは何か　3

則に基づき、再審における証拠開示に関する立法についての議論がさまざまな形で始められているところです。

2. 再審における証拠開示問題の背景にあるもの

(1) 現行刑事訴訟法の「歴史的欠陥」

再審における証拠開示をめぐる問題の前提として、そもそも我が国の現在の刑事訴訟法には再審についての規定が非常に少ないことを知っていただきたいと思います。

実は、第2次世界大戦後、日本国憲法が制定され、刑事訴訟法も戦前のものから大きく改正されました。そのため、現行刑事訴訟法は今の憲法のもとで抜本的に改正されて、人権保障に非常に厚い当事者主義*1の手続になったというようなことがよく言われます。しかし実はそれは通常審の手続までで——通常審の手続も、現実には人権保障に非常に厚いとは言えないのですが、それはさておき——、控訴や上告といった「上訴」と呼ばれる手続以降については、改正のための検討が間に合わなかったので、そのあたりの規定にはあまり手が付けられず、いわば応急措置的に制定することにしたのが現行の刑事訴訟法なのです。このため、この法律はいずれ本格的な法律に取ってかわることが想定されていました。しかし、現行刑事訴訟法は、通常審については裁判員裁判の導入やこれに伴う公判前整理手続の整備など、さまざまな改正がされた一方で、上訴以降の規定については現在もなお抜本的な改正がされずにいます。

したがって、いま、再審事件を手がけている私たち再審弁護人が使っている現行刑事訴訟法の再審の規定も、いわゆる「職権主義」*2と呼ばれる、裁判所が職権で手続を進めるタイプの戦前の古いルールがほぼそのままになっています。そこでは、裁判所の主導で手続が進められることが想定されているため、再審請求人の権利や地位、検察官の役割は明確にされていません。もっとも、

---

*1 「当事者」としての地位を与えられた被告人が、検察官と対等な立場で、主体的に主張・反論して手続を進めていく裁判のやり方のこと。
*2 裁判所が主導的な立場で手続や審理を進めていく裁判のやり方のこと。

日本国憲法のもとで、「不利益再審」（無罪の判決を受けた人に対し、その裁判は間違いだから有罪にすべきだ、と主張して裁判のやり直しを求める再審）は認められなくなりました。現行法のもとで存在する再審は、「利益再審」、すなわち請求人の無実を救う方向の再審のみです。ここだけは戦後になって大きく変わりましたが、でも、変わったのはこれだけです。現行刑事訴訟法制定から70年以上、再審の条文は一度も改正されないまま今日に至っています。

　そして、——刑事訴訟法は全部で500条を超える条文があるのですが——再審についての条文は全部で19しかありません（巻末の付録には刑事訴訟法「第4編　再審」の全部の条文を載せています）。しかも、再審の審理の手続をどう進めるかについては、445条の中に「事実の取調」ができると書いてありますが、これしかありません。証拠開示をどうするかどころか、証人尋問をどうするかという規定も全くないのが現行法の条文の実態であることを、ぜひ知っていただきたいと思います。

　だからこそ、手続の進行を具体的にどうするかは、その再審請求を受けた裁判所の裁量次第、「さじ加減」次第になってしまっているわけで、これが前述の「再審格差」という問題の原因となっているのです。

(2)　通常審における証拠開示との関係

　刑事裁判の一審の手続には、「公判前整理手続」といって、裁判員裁判の対象事件など一定の事件については証拠開示を認める手続が法制化されました。これは、10ページの年表の冒頭にあるとおり、2004年の5月のことです。

　この公判前整理手続制度が導入されたことによって、再審の手続の中でも通常審の証拠開示手続を借りるかたちで証拠開示を積極的に進める裁判所が増えてきたのは事実です。通常の刑事裁判では、2004年改正以降、公判前整理手続でかなりの証拠が開示されるようになったのに対し、例えば袴田事件、布川事件は事件発生から半世紀以上、大崎事件も事件からは39年が経過しており、その当時の通常審の手続には当然公判前整理手続はなかったわけですから、証拠開示などは認められていなかったわけです。そのような状況のもと、もし、これらの事件が公判前整理手続を経ていたら当然開示されていたであろう証拠については、再審でそれらの証拠を開示しなければ不公平だという考え方が出てきて、裁判所の訴訟指揮によって再審段階でも証拠開示が進むようになったのです。

はじめに——「再審における証拠開示問題」とは何か　5

しかし、そのような考え方に対しては、通常審は当事者主義である、再審は職権主義である、手続の基本的な考え方が全然違うから、再審請求の審理に公判前整理手続の条文を借りることはそもそも認められない、というような意見も、検察官などから根強く主張されています。

　一方で、2016年5月の刑事訴訟法改正で、公判前整理手続規定の中に証拠の一覧表交付制度が新設されました。「証拠リスト」のことです。これまで、私たち弁護人からみて、捜査機関がどのような証拠をもっているか、その全体像はまったく分かりませんでした。かつて、いわゆる郵政不正事件で起訴され、後に無罪となった元厚生労働事務次官の村木厚子さんは、「どういう証拠が検察側にあるのかが分からない中で証拠開示の請求をするというのは、本当に暗闇の中を手探りで歩いているようなものだ」(法制審議会「新時代の刑事司法制度特別部会」第11回会議) とおっしゃっていましたけれども、今回の改正で、証拠の一覧表——証拠の全体を知る手がかりとなる地図のようなものです——が弁護人に交付される手続が認められました。

　そして、この制度ができたことが、再審請求の審理にもある程度波及していて、再審請求審において証拠リストの開示勧告を行う裁判所も増えてきています。

⑶　証拠開示の前提としての証拠の保存・保管問題 (特に生体証拠について)

　また、再審をめぐっては、DNA型の再鑑定によって劇的に無罪になるような事件——足利事件とか東京電力女性社員殺害事件などがその実例です——では、「生体証拠」といって、まさにDNA型鑑定の資料になる証拠が残っているか残っていないかで、無実が晴らせるか晴らせないかという非常に大きな違いが出てしまう現実にも私たちは直面しています。

　このあとの「第1部　日本の現状を知る——各弁護団による事例報告」に登場する飯塚事件は、そこで大変難しい状況におかれています。DNA型鑑定などに不可欠な生体証拠の保管の有無がもたらす明暗も、新たな課題になってきている、ということです。

3. 再審と証拠開示をめぐる動き

(1) 21世紀における再審と証拠開示に関する主なできごと

　本稿の終わりに、再審と証拠開示をめぐる現在までの動きを年表にしてみました（別表）。もちろん、再審における証拠開示は古くからある問題です。ただ、この問題が非常に注目されるようになったのは、やはり21世紀になって、前述の公判前整理手続規定ができたところから、証拠開示によって再審開始がもたらされる事件が顕著に増加したことがきっかけでした。

　この年表に挙げている事件だけでも、すでに再審無罪が確定した布川事件、足利事件、東住吉事件、東京電力女性社員殺害事件、大阪強姦事件はもとより、一度は開始決定がされながら現在抗告審が係属中（2018年9月現在）の松橋事件、大崎事件、袴田事件、そして残念ながら後に再審開始決定が取り消された福井女子中学生殺人事件も含め、証拠開示が再審開始に影響を与えた事件がこんなにも増えています。2004年からきょうまで14年ほどの間に、これだけの数の再審開始決定が出されていることこそが、再審段階での証拠開示がもたらす影響力を如実に物語っています。

　さて、この年表の中で網かけになっているのは日本弁護士連合会（日弁連）の動きです。2011年に第30回全国再審弁護団会議で、布川事件、袴田事件、福井女子中学生殺人事件における証拠開示の取組みを紹介しました。これが、日弁連において「再審の証拠開示」をメインテーマとして議論した最初の会議でした。

　その後、2014年の第31回全国再審弁護団会議で、私たちは、日弁連の支援事件のみならず非支援事件も含めた多くの再審事件で、まさに現場で闘っている弁護団から、証拠開示の実情についてアンケートをとりました。日弁連もこのときに初めて、再審請求の現場では各弁護団の創意工夫によってここまで証拠開示が進んでいるということを認識し、情報を集約しました。

　そういうなかで、その第31回全国再審弁護団会議に研究者としてご出席いただいた指宿信教授（本書77頁「証拠は誰のものか？──英米法の視点から」の執筆者）から、「検察はどの事件でも同様の意見書を出すなどして、再審における証拠開示について組織的抵抗を示している。日弁連も組織としてもっとできることがあるはずではないか」と指摘されたことなどがきっかけとなって、日弁連

はじめに──「再審における証拠開示問題」とは何か　　7

に「再審における証拠開示に関する特別部会」が設置され、2015年1月に記念すべき第1回部会を開催するに至りました。それ以来、日弁連でも再審における証拠開示を刑事司法の分野における最重要課題のひとつとして取り組んでいます。

⑵　主要文献・論文等

　再審における証拠開示に関しては様々な文献・論文等があります。紙幅の関係で、ここではすべてをご紹介することはできませんが、比較的入手しやすいもの、また、再審事件に携わる弁護人の活動に大きな影響を与えたものなどを以下に挙げておきます。

- ・門野博「証拠開示に関する最近の最高裁判例と今後の課題——デュープロセスの観点から」原田國男判事退官記念論文集『新しい時代の刑事裁判』(判例タイムズ社、2010年)
- ・指宿信『証拠開示と公正な裁判』(現代人文社、2012年〔増補版2014年〕)
- ・斎藤司『公正な刑事手続と証拠開示請求権』(法律文化社、2015年)
- ・周防正行『それでもボクは会議で闘う——ドキュメント刑事司法改革』(岩波書店、2015年)
- ・九州再審弁護団連絡会出版委員会編『緊急提言！刑事再審法改正と国会の責任』(日本評論社、2017年)
- ・「特別企画　再審の新たな動き」季刊刑事弁護74号 (2013年4月)
- ・「特別企画　再審請求審における証拠開示の現状と課題」季刊刑事弁護80号 (2014年10月)

4.　本書の内容について

　さいごに、本書の構成について簡単にご紹介しておきます。

　まず、読者の方々に一番知っていただきたいのは「再審における証拠開示」の最前線です。「第1部　日本の現状を知る——各弁護団による事例報告」では、証拠開示をめぐって攻防を繰り広げてきた主要な再審事件の弁護団から、現行刑事訴訟法の再審制度のもとで、証拠開示を実現するためのさまざまな弁護実践、その成果と課題について、現場からのリアルな経験談を紹介しています。

また、巻末資料として「再審における証拠開示に関する実例集」を掲載しています。これこそが私たち「再審における証拠開示に関する特別部会」が3年の歳月をかけて、各再審事件の弁護団から証拠開示の実情についてリサーチし、その結果を分析してまとめた、私たちの血と汗と涙の結晶です。ぜひ、本文の弁護団報告とあわせてお読みいただき、現行法のもとでの再審における証拠開示の現状、すなわち、長年の闘いの中で弁護団がどういう創意工夫をしてきたか、また、裁判所の対応がどのように変化してきたか、検察官はどのような抵抗を示しているか、といった実情を知っていただきたいと思います。

　次に、「第2部　外国の制度から学ぶ」では、ドイツ法、英米法をそれぞれ専門とする2人の研究者が、各国の再審制度やそこでの証拠開示について、どのような制度上の手当がされているのかについて紹介しています。世界の潮流からみたとき、我が国の制度をどう改めなければならないか、という観点からの議論です。

　さらに「第3部　法制化へ向けて」では、本書のハイライトとして、2018年4月7日に日弁連で開催された「法制化へ向けて——再審における証拠開示シンポジウム」で行われたパネルディスカッションを掲載しました。映画『それでもボクはやってない』の監督で、法制審議会「新時代の刑事司法制度特別部会」の有識者委員を務めた周防正行氏をはじめ、元裁判官、元検察官、そして現場の最前線で活動する再審弁護人が、それぞれの立場から再審における証拠開示の問題について深く切り込む議論を展開しています。

　そして同部の「立法化への提言」では、以上の内容を盛り込んだ本書のエンディングとして、再審における証拠開示のあるべき法制度について、提言をまとめました。

　どうか、さいごまでお読みいただき、誤った裁判によって人生そのものを奪われる冤罪被害の問題を「わがこと」として考え、その救済のために、再審における証拠開示の法制化がなくてはならない喫緊の課題であることをご理解いただきたいと思います。

はじめに——「再審における証拠開示問題」とは何か　9

別表　再審と証拠開示をめぐる現在までの動き

2004.5.21	改正刑訴法成立（公判前整理手続制度の導入）
2005.9.21	布川事件第2次請求審再審開始決定（水戸地裁土浦支部） ※　2008.7.14検察官の即時抗告棄却、2009.12.14検察官の特別抗告棄却、 　　2011.5.14再審無罪確定
2009.6.23	足利事件即時抗告審再審開始決定（東京高裁） ※　2010.3.26再審無罪確定
2009.12	東京高裁（門野博裁判長）、狭山事件第3次請求審において証拠開示勧告 ※　2010.1 富山事件においても同様の証拠開示勧告
2011.3.31	検察の在り方検討会議提言「検察の再生に向けて」
2011.5.31	日弁連第30回全国再審弁護団会議（布川事件、袴田事件、福井女子中学生殺人事件における証拠開示の取組みを紹介）
2011.6.29	法制審議会「新時代の刑事司法制度特別部会」第1回会議
2011.9.30	最高検、「基本規定（検察の理念）」公表
2011.11.30	福井女子中学生殺人事件請求審再審開始決定（名古屋高裁金沢支部） ※　2013.3.6原決定取消、再審請求棄却、2014.12.10請求人の特別抗告棄却
2012.3.7	東住吉事件請求審再審開始決定（大阪地裁） ※　2015.10.23検察官の即時抗告棄却、2016.8.10再審無罪確定
2012.6.7	東京電力女性社員殺害事件請求審再審開始決定（東京高裁） ※　2012.7.31検察官の異議申立棄却、2012.11.7再審無罪確定
2014.3.27	袴田事件第2次請求審再審開始決定（静岡地裁） ※　2018.6.11原決定取消、再審請求棄却、現在最高裁に特別抗告が係属中
2014.4.5	日弁連第31回全国再審弁護団会議（17再審弁護団への証拠開示アンケート）
2014.7.9	法制審議会「新時代の刑事司法制度特別部会」第30回会議（最終取りまとめ）
2014.10.31	九州弁護士会連合会定期大会シンポジウム「全面的可視化と全面的証拠開示をめざして──えん罪を生まないガラス張りの刑事司法を!」
2015.1.15	日弁連「再審における証拠開示に関する特別部会」第1回会議開催
2015.2.27	大阪強姦事件請求審再審開始決定 ※　2015.10.16再審無罪確定
2016.5.24	改正刑訴法成立（証拠の一覧表交付制度の導入）
2016.6.30	松橋事件請求審再審開始決定（熊本地裁） ※　2017.11.29検察官の即時抗告棄却、現在最高裁に特別抗告審が係属中
2017.6.28	大崎事件第3次請求審再審開始決定（鹿児島地裁） ※　2018.3.12検察官の即時抗告棄却、現在最高裁に特別抗告審が係属中
2018.4.7	日弁連「再審における証拠開示シンポジウム」開催
2018.7.11	日野町事件第2次再審請求審再審開始決定（大津地裁） ※　現在大阪高裁に即時抗告審が係属中

シンポジウムへのメッセージ

村木厚子

　本日、多くの方が参加して「法制化へ向けて——再審における証拠開示シンポジウム」が開催されますことを心からお喜び申し上げます。

　再審請求審における証拠開示は一連の刑事司法制度改革の中で取り残された大きな課題の一つです。本日ご登壇される周防監督や私が参加した法制審新時代の刑事司法制度特別部会においては、通常審については、新たに「証拠の一覧表の交付制度の導入」「類型証拠開示の対象の拡大」などの制度改革が決められました。しかし、再審請求審については意見が分かれ、今後の課題とされるにとどまりました。

　再審無罪が確定した布川事件、東京電力女性社員殺害事件、東住吉事件の例はもとより、再審開始に至った袴田事件、松橋事件、大崎事件等を見ても、証拠開示の果たす役割の重要性がよくわかります。

　私自身、自分が体験した郵便不正事件を振り返ると、フロッピーディスクのプロパティーという客観証拠を証拠開示により入手できたことが無罪判決の大きな決め手となりました。公正な裁判のためには、さまざまな証拠が公判にきちんと提出されることが極めて重要だと実感します。

　また、私が裁判を闘った期間はたった1年3か月でしたが、それでも第1審の判決の後、検察の控訴の判断を待っている間、「どうか、これ以上、私の時間を奪わないで」と祈らずにいられませんでした。それを思い出すにつけ、再審開始の判断にかかっている膨大な時間と、高齢化の進む当事者の方々のことを想うと胸が痛みます。

　再審の開始を待っておられる方々の願いが一日も早くかなうことを心からお祈りいたします。そのためにも、迅速に再審の開始の判断ができるよう、再審における証拠開示をはじめとする各般のルール面の整備も急がれます。

　こうしたことを実現するために、本日のシンポジウムが実り多きものとなりますよう、心からお祈り申し上げます。

2018年4月7日

隠された証拠が冤罪を晴らす
再審における証拠開示の法制化に向けて

目次

2　はじめに──「再審における証拠開示問題」とは何か　鴨志田祐美

　1.「再審における証拠開示問題」とは

　2. 再審における証拠開示問題の背景にあるもの

　3. 再審と証拠開示をめぐる動き

　4. 本書の内容について

11　シンポジウムへのメッセージ　村木厚子

第1部　日本の現状を知る──各弁護団による事例報告

18　布川事件　佐藤米生

　1. 事件の概要

　2. 再審請求の経過

　3. 確定判決の証拠構造

　3. 開示証拠について

　4. 証拠開示の工夫

　5. 証拠一覧表の交付制度と再審請求審への活用

26　袴田事件　戸舘圭之／増山洋平

　1. 事件の概要

　2. 1審での審理状況、裁判所の判断

3. 再審請求審での証拠開示の状況——弁護団の活動と工夫
4. 検察官による拒否的姿勢の問題点、明らかになった検察の不正義
5. 裁判所による証拠開示勧告の重要性

31 松橋事件　三角 恒

1. 事件の概要
2. 確定審及び再審請求の経過
3. 熊本地裁による再審開始決定の判断
4. 再審請求の前の時点での証拠開示の重要性
5. 再審請求後における証拠開示をめぐる攻防
6. まとめ——再審における証拠開示を実現するには

37 大崎事件　泉 武臣

1. 事件の概要
2. 確定審の経過
3. 再審請求の経過
4. 第2次・第3次再審の審理にみる「再審格差」
5. 冤罪救済の平等——再審格差を是正するためには

43 日野町事件　石側亮太

1. 事件の概要
2. 脆弱な証拠構造
3. 再審請求手続における証拠開示とその意義

48 飯塚事件　岩田 務／野尻昌宏

1. 事件の経過
2. 飯塚事件の特徴
3. T供述の問題点
4. 血液型鑑定の問題点
5. DNA型鑑定の問題点——MCT118型鑑定の3つの欠陥
6. 再審請求審における証拠開示——特に鑑定資料について

53 東京電力女性社員殺害事件　鈴木郁子

1. 事案の概要・事件の経過
2. 本件の証拠構造とDNA型鑑定
3. DNA型鑑定と証拠の開示・保管

58 大阪強姦事件　山本了宣

1. 事件の概要
2. 1審での審理状況、裁判所の判断
3. 再審請求の状況
4. 再審請求審での証拠開示の状況
5. 再審請求審での証拠の一覧表交付命令と検察官の拒絶
6. 国家賠償請求訴訟

第2部　外国の制度から学ぶ

64 再審請求審における証拠開示——ドイツ法の視点から　斎藤 司

1. 本稿の問題意識と内容
2. ドイツ再審制度の概観
3. ドイツ記録閲覧制度と再審請求審との関係
4. ドイツ再審制度における記録閲覧のあり方の特徴
5. ドイツ再審制度の基本理念と制度から得られる示唆
6. まとめ

77 証拠は誰のものか?——英米法の視点から　指宿 信

1. はじめに——問題への視座
2. 再審請求側による情報収集の方法
3. 有罪確定後における検察官の無罪方向証拠開示義務
4. おわりに

コラム・アジア隣国の再審はいま

89 韓国における刑事再審——誤判救済へ向けた柔軟な対応　安部祥太

90 台湾：再審請求目的の記録閲覧——位置付けへの第一歩　李 怡修

第3部　法制化へ向けて

92　パネルディスカッション
なぜ再審における証拠開示の法制化が必要なのか
鴨志田祐美／周防正行／水野智幸／郷原信郎／戸舘圭之

1．はじめに——パネリストの自己紹介
2．証拠開示の重要性
3．裁判官、検察官から見た「再審における証拠開示」
4．証拠開示に消極的な考え方はなぜ出てくるのか
5．通常審との関係で「再審と証拠開示」を考える
6．証拠開示の前提としての証拠保管の問題——「不見当」「不存在」の壁
7．パネリストからのメッセージ

116　「存在しない」「いや、実はありました……」
——行政文書の隠蔽とは別の、もう一つの攻防　江川紹子

1．「庁舎をひっくり返して探した」はずが……
2．くり返される「ない」→「あった」
3．「あってはならない事態」と裁判所も怒る
4．裁判所の決定に従わない検察
5．進化から取り残される再審請求審
6．法律改正で現状の改善を

122　## 立法化への提言　上地大三郎

1．法制化の必要性
2．証拠開示の要件——考えられる類型
3．証拠一覧表の交付
4．証拠物の保存・管理
5．まとめ

付録

128　再審における証拠開示に関する実例集
調査・分析：日本弁護士連合会 再審における証拠開示に関する特別部会

1. 開示対象とされるべき証拠の範囲を広く解する必要性を示す実例
2. 証拠開示について裁判所の役割の重要性を示す実例
3. 証拠の一覧表の必要性を示す実例
4. 裁判所の主導による証拠の存否の調査の重要性を示す実例
5. 裁判所による証拠開示命令・勧告の必要性を示す実例
6. 裁判所が検察官手持ち証拠を裁判所に提出させる措置の有効性を示す実例
7. 証拠開示の不十分を審理不尽とすべきことを示す実例
8. 検察官が証拠の存否を調査したのちに、具体的な報告を行うべき必要性を示す実例
9. 検察官が裁判所の訴訟指揮に従わなければならないことを明文で定めるべきことを示す実例（命令に従わなかった例）
10. 再審請求前における証拠開示の必要性を示す実例
11. 科学的証拠について特別の定めを行うべきことを示す実例

147　刑事訴訟法 第4編 再審（条文）

第1部

日本の現状を知る

各弁護団による事例報告

布川事件

佐藤米生

1. 事件の概要

　櫻井昌司氏と、杉山卓男氏（故人）は、1967年8月28日夜、茨城県利根町布川で男性を殺害して現金を奪ったとして、同年12月28日に強盗殺人罪で起訴されました。2人は公判では一貫して無罪を主張しましたが、1審で無期懲役を言い渡され、1978年7月3日上告棄却決定により刑が確定し、以後2人は1997年に仮釈放で刑務所を出所するまで29年間身体を拘束されていました。

2. 再審請求の経過

　櫻井氏と杉山氏は、1983年12月23日第1次再審の申立てをしましたが、1987年3月31日請求棄却となり（水戸地裁土浦支部）、1992年9月9日、最高裁の特別抗告棄却により終了しました。
　2001年12月6日に第2次再審の申立てをしたところ、水戸地裁土浦支部は2005年9月21日に再審開始決定を出しました。検察官が即時抗告を申し立てましたが、2008年7月14日棄却決定がされ、検察官のさらなる特別抗告に対しても2009年12月14日、最高裁が特別抗告を棄却し、再審開始が確定しました。そして、再審公判が始まり、2011年5月24日に櫻井氏・杉山氏両名に無罪判決が言い渡され確定しました。

3. 確定判決の証拠構造

　強盗殺人を直接証明する証拠は、捜査段階における櫻井氏・杉山氏2人の

自白しか存在しません。その自白も変遷が著しく、2人の供述が一致しないところが多々ありました。また、犯行と2人を結びつける物証が存在しないこと、及び、自白に「秘密の暴露」(犯人にしか知り得ない事柄を自発的に供述すること)が認められないことは確定審も認めていました。

主な情況証拠は、被害者方前で2人を目撃したと証言したW証人、栄橋石段で櫻井氏を目撃したと供述したA・I・Kの各証人、布佐駅で杉山氏を目撃したと証言したE証人、我孫子駅で2人を目撃したと証言したT証人でした。I及びKは、法廷では事件当夜に目撃したことに疑問を述べたため、検察官は刑事訴訟法321条1項2号

再審無罪を喜ぶ櫻井・杉山両氏。2011年5月24日水戸地裁土浦支部(救援新聞提供)

に基づき、検察官調書の取調べを請求し、裁判所は特信性[*1]を認めてこれを採用しました。Wを除く5人の供述は、実際にあった別の日の出来事を事件当夜の出来事にされてしまったものでした。

3. 開示証拠について

これまでに開示された証拠は、後掲「開示証拠のリスト」記載のとおりです。確定2審の弁護人は繰り返し証拠開示請求をしていました。これを受けた当時の東京高等裁判所が検察官に手持ち証拠のリストを作成して提出するよう要請していることも注目されますが、検察官はこれを拒否しました。弁護人の努力にもかかわらず開示の成果は乏しいものでした。

---

*1 「公判期日における供述よりも前の供述を信用すべき特別の情況の存する」こと(刑事訴訟法321条1項2号)。

布川事件 19

第1次再審でも弁護団は活発に証拠開示請求をしました。重要な目撃証人の初期供述が一部開示され、それなりの成果はありましたが、裁判所に確定判決に対する合理的疑いを認めさせるまでには至りませんでした。ただし、ここでの経験が第2次再審における開示要請に役立ちました。

　第2次再審では、再審公判に至るまで裁判所に合計21回（他に検察庁に独自に5回）の証拠開示請求を繰り返し、五月雨的ではありましたが相当多数の未提出記録を開示させることができました。

4. 証拠開示の工夫

⑴　全面証拠開示要請及び証拠リスト開示要請と裁判所の黙殺

　布川事件弁護団も全面証拠開示要請及び証拠のリスト開示要請を繰り返し求めましたが、検察官は「証拠漁り」だと主張して拒否しました。裁判所も何らの反応も示してくれませんでした。そこで、個別証拠の開示要請を繰り返し行いました。以下これについて弁護団が行った工夫を述べます。

⑵　粘り強い個別証拠開示請求の繰り返し

　提出記録・存在の根拠・開示の必要性を可能な限り詳細に記載した一覧表を作成しました。確定審において、杉山氏の1967年11月3日付けの録音テープが証拠として採用され、最高裁は自白の任意性を証明する重要な証拠であると判示していました。ところが、同氏の同年11月2日付け員面に「この前録音テープを使って調べられたときにもめがねのことを申し上げてあり」という記載があり、さらに杉山氏も取調官に対し、テープがもう一本あるはずだと質問していました。これを根拠にもう一本の録音テープの開示要請をしました。このテープは、再審無罪になった後に櫻井氏が提起した国家賠償請求訴訟で文書提出命令が出ても開示されていませんが、再審公判で裁判所はテープの存在を前提に取調官の偽証を認定しています。なお、櫻井氏についても、もう一本の録音テープの開示要請をしましたところ、これは開示されて取調官の偽証が明らかになりました。旧証拠を読み込むことによって未提出記録の存在を探し出すことができる一例です。

⑶　証拠物の開示要請

　証拠物の開示要請にも取り組みました。布川事件は、供述証拠だけで有罪

とされていましたので、第1次再審までは証拠物に対する関心が高くありませんでした。第2次再審では、検証調書等から任意提出・押収等されていると思われる証拠物の開示要請を繰り返しました。その結果、首巻パンツ・口詰パンツ（被害者の首にパンツが巻かれ、口にパンツが詰められていた）、死体検案書（自白では手で首を絞めた《扼殺》となっているが、死体検案書では布状のもので首を絞める《絞殺・推定》となっている）、毛髪鑑定書2通、便所の窓の桟、国際電信電話(株)の証明書など重要な証拠物が開示されました。

(4)　通し番号を活用した開示証拠の整理

　開示された証拠は、通し番号等を活用して整理しました。証拠が開示された都度、旧証拠との総合評価を実践して、その証拠価値を裁判所にアピールしました。さらに、警察から検察庁に送致された書証には通し番号が付されています。旧証拠にも付されていますので、通し番号を頼りに整理を試みました。そうすると、W証人関係の書証を整理することができ、欠落している番号のところがまだ未開示だと推測することができるようになりました。しかし、検察官は、最後まで通し番号については黙して語りませんでした。

(5)　証拠整理表に記載した項目を活用した分析

　証拠の整理表をエクセルで作成し、これに作成日、取調官及び取調場所ごとの列を作って記載しました。供述調書その他の書証をエクセルのソート機能を使って作成日順に並べ替えて見ると、2人が自白する以前に作成された書証があまり開示されていないことが明白となりました。自白以前のバイアスのかからない書証の開示を求める動機付けとなりました。取調官ごとにソートすると、どの取調官が誰を取り調べているかが明らかになりました。また、取調場所を記載することによって取調官が犯行現場を見ていたことも明らかになりました。

5. 証拠一覧表の交付制度と再審請求審への活用

　2018年の刑事訴訟法改正で、通常審の公判前整理手続に付された事件については検察官が保管する証拠の一覧表の交付請求ができるようになりました（刑訴法316条の4第2項）。再審請求審においても、本格的な再審法の改正が実現するまでは、訴訟指揮権の行使により本規定を類推して証拠の一覧表を

布川事件　21

提出するよう求めていく必要があると思います。しかし、警察が収集した証拠が検察に送致されないままになっていたりして検察庁に保管されていない証拠もあります。また、仮に、証拠一覧表が提出されても抽象的な記載から求める証拠を探し当てることが困難な場合もあります。しかし、旧証拠をよく読み込んでおくと、抽象的な証拠一覧表からでもある程度推測ができるようになると思われます。また、捜査官は、その事件について通常どういう捜査書類を作成するかという知識も必要になります。確定判決を維持しようとする検察官とこれを打破しようとする請求人・弁護人の闘いは今後も続くと覚悟すべきだと思います。

開示証拠のリスト

＊月日のみのものは1967年である。
＊「検面」「員面」「捜報」はそれぞれ、「検察官面前調書」「司法警察員面前調書」「捜査報告書」の略。

審級	提出日	証拠の標目	備考
確定1審	1970.3.23	杉山の勾留質問調書	1967.12.28の勾留質問で否認
		櫻井11.13検面	否認調書
		杉山11.13・11.17検面	否認調書
確定2審	1971.11.16	指紋照会回答書2通	9.20付（一致7個、31個対照不能）、12.8付（捜査官小圷と一致2個、3個対照不能）
	1971.11.30	ＳＭの員面	Ｗ証人の立ち寄り先
	1972.6.20	Ｗの1968.3.13検面	杉山は後ろ姿、櫻井は新聞に写真がのったとき思い出した→通った時
		1971.10.13ポリグラフ検査鑑定書	事件から4年後に新規に作成検査時の捜査・記録紙開示せず
	1973.1.30	犯行現場付近見取図	捜査官早瀬は、被害者宅に入ったことがないので、中の様子を知らなかったと証言
		櫻井の早瀬刑事宛手紙2通	無実であること、および偽計・誘導の取調状況を訴えている
	1973.4.24	ＥＴの10.23および12.14員面	8月28日夜、栄橋で車を停めて夜釣りをしていた
1次再審1審	1985.11.20	Ｉの捜報1通、員面1通	栄橋石段の一件が8月28日かはっきりしない
		Ｋの捜報1通、員面2通	石段の一件に触れず
		ＯＴの員面2通	道路側の男の身長1.7m、頭髪5cm
	1986.8.29	ＯＴの8.30捜報	2人の男とも頭髪伸ばしていた
1次再審2審	1987.9.1	Ｗの捜報3通	9.3・9.20捜報：不審者見なかった1968.3.6捜報：当時は誰だかわからなかった
2次再審1審	2002.10.4	櫻井の10.17録音テープ	編集痕あり取調官早瀬・深沢は録音の事実なしと偽証

審級	提出日	証拠の標目	備考
2次再審1審		杉山の10.17上申書	最初の自白調書と同旨
		櫻井の10.16上申書	最初の自白調書と同旨
	2003.7.31	首巻パンツ	絞頸できる長さ、パンツにほころび
		口詰めパンツ	被害者の口腔に強圧挿入されていた
		ワイシャツ・タオル	被害者の足首に巻かれていたもの
	2003.9.17	被害者の死体の写真4枚	胸部を切開して内出血を確認した写真含まれる
		秦医師作成の死体検案書	原因欄に「絞殺（推定）」、主要所見欄に「頸部に絞痕あり」
	2003.10.16		**裁判所がA・T・E・TG・NS・Fの捜査報告書・供述調書の開示を勧告する**
	2003.10.21	Aの捜報2通、員面2通、検面2通	栄橋石段の一件の目撃
		Tの捜報1通、員面1通、検面2通	我孫子駅ホームの目撃
		Eの捜報1通、員面1通、検面2通	布佐駅の目撃
		TGの捜報2通、員面2通、検面1通	8月28日午後9時前後の被害者方の動静（物音など）
		NSの捜報1通、員面1通	Wは第1回公判後に目撃したことをNSに話す
		Fの捜報1通、員面2通、検面1通	櫻井は、当初8月中旬以降店に来なかったと供述し、その後28日夜来たと変更
	2003.11.25	TMの任意提出書	TMは被害者の親戚、証拠物の提出
		領置調書	上記証拠物の領置
		手拭の切小端3枚	
		11.24毛髪鑑定書	現場遺留毛髪8本は櫻井・杉山の頭毛と一致しない
	2004.2.19	11.2毛髪鑑定書	被害者の毛髪との同一性鑑定 第三者の毛髪5本の存在が判明する
	2004.6.18	OMの員面2通、検面2通	10.16員面によれば杉山でない
		SBの捜報1通、員面2通、検面1通	8月28日夜自転車で被害者方前を通過
		SRの捜報2通、員面1通	8月28日夜、工場前で洗車していた
		USの捜報1通、員面1通	8月28日夜、工場で残業していた
		NCの員面1通	8月28日夜、自宅で弟の通夜をしていた
		IKの捜報1通、員面2通、検面1通	8月28日夜、栄橋をバイクで渡った
		1968.3.9任意提出書・領置調書	Wの入金帳に関するもの

布川事件　23

審級	提出日	証拠の標目	備考
2次再審1審	2004.6.18	1967.11.16差押調書2通	櫻井・杉山の毛髪の差押調書
		ＳＫの捜報1通、員面1通	8月28日午後11時半頃、櫻井がバーに来た
		ＥＫ（ＥＴの息子）の員面1通	8月28日夜、栄橋で車を停めてＥＴ（父親）と夜釣りをしていた
		ＥＨ（ＥＴの娘）の員面1通	8月28日夜、ＥＴとＥＫが夜釣りをするのを見ていた
		Ｗの検面2通	Ｗが櫻井・杉山を面通しした状況を供述したもの
		写真撮影報告書2通	上記複数面通しに立ち会った人物を撮影したもの
		ＳＴの1967.11.16員面	8月25日に布佐駅で杉山らと会い、木下のバーに行った
	2004.9.1	ＯＥの員面1通、検面1通	8月28日夜、被害者宅前を自転車で通過途中ＯＭと会う
		ＫＨの員面1通、検面1通	ＳＢが稲刈りのアルバイトをした先の妻の供述
		ＳＢ等に関する10.27捜報	
	2004.10.1	ＫＥの捜報1通、員面1通	Ｗの立ち寄り先
		ＩＴの員面1通	Ｗの立ち寄り先
		ＮＹの捜報1通、員面1通	Ｗの立ち寄り先
		ＩＧの捜報2通、員面5通	被害者は八畳間に他人を入れたがらなかった 新品ロッカーを事件直前に搬入
		ＮＣの10.24捜報	8月28日夜、自宅で弟の通夜をしていた
		Ｉの11.18検面	石段の一件が8月28日かはっきりしない
		11.20実況見分調書	杉山が二つ折布財布を投棄したと供述する場所の実況見分
		ＳＨの10.17員面	8月28日は布川に行っていない
		ＯＨの10.30員面	8月28日夜、ＯＭが西瓜を買いに来たと思う
2次再審2審	2006.11.6	便所の窓の桟2本	現場検証の主任捜査官小圷の指紋が付着
		「留置人の言動について」という書面	櫻井が最初の自白をした日に関するもの
		「強盗殺人自供報告書」という書面	杉山が最初の自白をした日に関するもの
		櫻井の取調状況に関する捜報17通	櫻井の取調べ状況に関する捜査報告書
		ＡＹの員面2通	8月28日夜、櫻井が立ち寄った高田馬場「養老の滝」の店長
	2006.12.4	明治ゆであずき缶詰1個	被害者の右ポケットに入っていた缶詰
		8.30捜報	缶詰の出所調査、出所判明せずと記載

審級	提出日	証拠の標目	備考
２次再審２審	2006.12.4	眼鏡１個	死体付近にあった被害者の黒縁の眼鏡
		９．３捜報	ＥＫが父ＥＴと８月28日夜、栄橋で夜釣りをしていたと供述
		９．２捜報	栄橋バス停における早井行き終バスの乗客調査
		ＮＭの員面１通	Ｎ食堂の店主。杉山が怪しい言動をした新聞記事に対応する調書開示せず
		ＴＡの員面２通	被害者のいとこの供述 同人は三つ折りの布財布を所持していた
		９．12捜報	櫻井がＹＢ宅（ビル清掃の親方）に宿泊したかの調査
		10.10捜報	早瀬刑事がＹＢから宿泊していないことを確認している
		ＫＢの員面２通	８月28日は賢司から入れ墨をしてもらった杉山が見ていた
		国際電信電話(株)の証明書	ＫＢは８月28日会社を休む
		ＫＪの員面１通	29日の取手競輪において杉山と会った状況
		ＭＯの員面１通	29日の取手競輪において杉山と会った状況
		ＳＪの員面１通	29日我孫子駅から櫻井と成田線に乗車した状況
		被害者方の内外を撮影した写真８枚	
再審公判	2009.3.19	ＯＭ関連の捜報７通	8.31捜報に道路側の男の身長1.64mと記載、杉山と身長等がまったく違う

袴田事件

戸舘圭之／増山洋平

1. 事件の概要

袴田事件は、元プロボクサーで死刑確定者の袴田巖さんが無実を訴え再審を求めている事件です。確定判決は、1966年6月30日未明、静岡県旧清水市（現静岡市清水区）内の味噌会社専務宅一家4名が殺害された強盗殺人放火事件の犯人を袴田さんであると断定し死刑を言い渡しました（第1審：静岡地裁昭和43年9月11日判決、控訴審：東京高裁昭和51年5月18日判決、上告審：最高裁昭和55年11月19日判決）。

袴田さんは、当初から無実を訴えていましたが、パジャマに他人の血液や放火に使用された混合油が付着していたとして、1日平均12時間、最も長い日は16時間を超えるような厳しい取調べが続けられた結果、本件殺人と放火について「パジャマを着て行った」などと自白させられました。ところが、事件から約1年2か月後、1審の公判中に、麻袋に入れられ多量の血痕が付着した5点の衣類が味噌タンク内の味噌の中から発見されました。検察官は、犯行着衣はパジャマではなく5点の衣類であり、事件直後袴田さんがタンク内に隠したものだなどと冒頭陳述を変更する異例の対応を行いました。裁判所は、5点の衣類を着用して被害者らを殺傷したが、途中でパジャマに着替えて放火したと認定し、死刑判決を下しました。

第一次再審請求審（1981〜2008年）は、静岡地裁、東京高裁、最高裁と争いましたが、いずれも再審請求は棄却されました。

2008年4月25日、袴田さんの姉を請求人とする第二次再審請求がなされました。2014年3月27日静岡地裁刑事第1部（村山浩昭裁判長）は、再審開始を決定し、さらには死刑及び拘置の執行停止をも認める画期的決定を下しました。その内容は、DNA型鑑定の結果などから、確定判決において「決定的証

拠」とされた「5点の衣類」は捜査機関によるねつ造証拠であることを明言し、証拠価値に「合理的疑い」が生じたことなどを根拠に弁護人提出の新証拠の明白性を認めて再審開始を決定した上で、これ以上拘置を継続することは「耐え難いほど正義に反する」として、袴田さんを直ちに釈放するよう命じるというものでした。

再審開始決定に対しては、検察官が即時抗告をしました。東京高裁での即時抗告

再審開始決定を報じる新聞記事（2014年3月27日静岡夕刊、静岡新聞社）

審においては、原決定が判断の根拠の一つとしたDNA型鑑定（筑波大学本田克也教授による鑑定）の評価が争われました。2018年6月11日、東京高裁（大島隆明裁判長）は、同鑑定の証拠価値を否定し、さらには、原決定が主要な新証拠とした5点の衣類の色に関する味噌漬け実験報告書についても写真の色に関しては主観的評価によって影響を受けることなどを理由に証拠価値を否定し、その他の争点についても可能性論等を駆使して原決定の判断をことごとく否定し、結果として、静岡地裁のした再審開始決定を不合理であると断じてこれを取り消し、再審請求を棄却する決定をしました。

この決定を不服として、弁護団は最高裁に特別抗告を申し立てており、現在、審理の場は最高裁判所に移っています。

2. 1審での審理状況、裁判所の判断

検察は、袴田さんが犯人であることを示す中心的な証拠として「血痕が付着した5点の衣類」（事件の1年2か月後に犯行現場近くの工場内味噌タンク内から味噌漬けの状態で発見されたもの）を公判に提出しました。そのため、裁判では、①5点

の衣類が犯人が犯行時に着ていたものか否か、②5点の衣類が袴田さんのものであるか否かが重要な争点とされました（①と②の両方が肯定された場合に、袴田さんが犯人であると認定できます）。これについて、確定判決は、①と②の両方が肯定できると判断し、「袴田さんが犯人であることの蓋然性が高い」として、袴田さんが犯人であると認定し、死刑の有罪判決を言い渡しました。

3. 再審請求審での証拠開示の状況
——弁護団の活動と工夫

(1) 第1次再審請求審における証拠の開示状況

弁護団は、袴田さんの死刑判決を支える決定的な証拠である「5点の衣類」に関する写真や報告書、袴田さんの否認供述を内容とする供述調書等の多数の未開示証拠があると考え、第1次再審から検察に証拠開示を求めてきましたが、検察は証拠開示の根拠がないと主張して開示を拒否し続けて証拠を一点も開示しませんでした。

(2) 第2次再審請求審における証拠開示

弁護団は、第2次再審での証拠開示が必須の課題と考え、証拠開示を求める詳細な要請書を繰り返し提出し、粘り強い活動を行いました。検察官は再審において証拠開示を認める法的根拠がないなどと反発しましたが、弁護団は国際人権規約を援用して法的根拠を提示するなどして、請求審の静岡地裁に訴え続けました。その活動がようやく功を奏し、2010年9月から2013年10月までに合計約600点に及ぶ証拠が開示され、開示された証拠のうち126点が裁判所に証拠として提出されました。

特に、①5点の衣類のサイズに関して、確定判決は寸法札に「B」とある表記を「B体」（肥満体）と認定していましたが、開示証拠により「B」は色を示すことが明らかとなり、検察が「B」がサイズではなく色であると知りつつ、虚偽の主張をしてきたことが発覚しました。また、②5点の衣類の発見直後のカラー写真が開示されたことにより、衣類や血痕の色彩が明白に識別できるようになり、1年2か月間味噌漬けにされていたはずの衣類の血痕が鮮やかな赤色であり、服も色調を保っていた事実が明らかとなり、弁護団の味噌漬け実験による色調と明白に矛盾することが判明しました。そのため、請求審の静岡地裁は、

開示写真を含む5点の衣類に関する証拠を「無罪を言い渡すべき明らかな証拠」と認定しました。確定1審当時から捜査機関に保管され、事件当時から47年以上も隠されていた未開示証拠が開示され、それが袴田さんの無罪を示す証拠として再審開始決定に大きく影響を与えていることから、冤罪を晴らすには証拠開示が極めて重要であることが再認識されました。

4. 検察官による拒否的姿勢の問題点、明らかになった検察の不正義

上述のような証拠開示をめぐる攻防によって、次のような検察の不正義が明らかとなりました。

① 捜査機関が事件当時から保管していた未開示証拠が47年間も隠されて、開示されてこなかったこと。

② 検察は、必要な証拠開示を拒否し続けており、裁判所が勧告をしても裁判所の証拠開示に従わない態度をとっていること。

③ 検察は、当初「ネガは存在しない」と回答していたのに、即時抗告審では「(不存在だったはずの) ネガ」を用いた反論を行うなど、専断的に証拠を利用していること。

不存在とした証拠が出てきたこと自体問題であるのに、検察は自己に都合の良い形でのみ証拠を利用しており、公費で収集した「公共財」であるはずの証拠を、あたかも私物のように扱っていることは極めて不当です。

5. 裁判所による証拠開示勧告の重要性

証拠開示が実現した背景には、弁護団が証拠開示を認めるべき法的根拠を何度も説き、求める開示証拠の特定と開示の必要性に関する主張を繰り返し行うなど努力を重ねてきた事実があり、それによりやっと裁判所が動き、検察官による大規模な証拠開示に至りました。

そもそも検察官が、証拠を隠したり、専断的に用いたりすること自体が大問題であり、本来、証拠は全て開示されなければなりません。しかし、再審における証拠開示の手続を定めた法律がない現状では、証拠開示を実効的なもの

袴田事件　29

とするためには裁判所が証拠開示勧告や証拠開示命令を行うことが必要とされる現状があります。

　静岡地裁の書面による証拠開示勧告では、その理由として、①弁護人から具体的な主張があり証拠開示が必要であること、かつ、②事件から46年が経過しており開示することの弊害は考えにくいこと、が挙げられました。この理由付けは、袴田事件以外の多くの再審事件にも当てはまることです。「無辜の不処罰」の理念を貫徹するためにも、裁判所が積極的に主導して十分な証拠開示が実現されなければなりません。

静岡地裁が再審開始決定をし釈放された後に世界ボクシング評議会（WBC）から贈られた、名誉チャンピオンベルトを着ける袴田さん。2014年5月19日、東京・後楽園ホールにて

松橋事件

三角 恒

1. 事件の概要

　1985年1月8日の午前9時30分ころ、当時59歳の被害者が、熊本県下益城郡松橋町（現在の宇城市）所在の自宅室内で血を流して死亡しているのが発見されました。被害者の遺体には頸部を中心に多数の創傷があり、司法解剖の結果、死因は刃物で頸部を刺されたことによる失血死であり、死後2日ないし4日間が経過していると推定されました。捜査機関は、同月5日夜、被害者と、その将棋仲間である宮田浩喜さんら4名が被害者方で開いた酒宴の際、被害者と宮田さんとが激しく口論したとみられること、不審者等の情報がないこと、同月6日以降被害者の姿を見たものがいないことなどから、宮田さんを容疑者の一人と考えていました。

　宮田さんは事件直後より参考人として警察官から事情を聴取され、その間ポリグラフ検査も実施されましたが、犯行を否認する供述を続けていました。しかし、遺体発見から12日後の1月20日、自宅を訪れた警察官に犯行を認める供述をし、同日逮捕されました。

　逮捕、勾留された宮田さんは、警察官及び検察官の取調べに対し、犯行を自認する供述を続け、起訴されました。その公訴事実の要旨は、宮田さんが1月6日午前1時30分ころ、被害者方において切り出し小刀で被害者の左頸部等を10数回突き刺し、失血死させて殺害したというものでした。

2. 確定審及び再審請求の経過

(1)　確定判決までの経緯

　宮田さんは第1回公判期日において、動機について若干争うほかは、犯行

2016年6月30日、熊本地裁の再審開始決定を喜ぶ宮田さん（救援新聞提供）

事実を全て認める旨の供述をし、当時の国選弁護人も公訴事実は争わず、飲酒の影響による心身耗弱を主張しました。

その後宮田さんは、第4回公判期日で行われた被告人質問において、犯行のことは記憶に残っているけれども、ほとんど記憶にない旨を述べ、第5回公判期日に行われた被告人質問で、被害者を殺害した事実はないと、犯行を全面的に否認するに至りました。1審の熊本地裁は、宮田さんが否認に転じた後に国選弁護人を交代させ、宮田さんの犯人性（本件の犯人であるか否か）について改めて審理し、1986年12月22日、懲役13年に処するという有罪判決を言い渡しました。

宮田さんは控訴・上告しましたが、いずれも棄却され、1990年2月13日、有罪判決が確定しました。

(2) 再審請求の経過

2012年3月12日、宮田さんの成年後見人が再審請求を行い、その後2015年9月17日、宮田さんの長男貴浩さん（2017年9月に死去）も父親のために再審請求を行い、この2件は併合（同じ手続で一緒に審理されること）されました。

2016年6月30日、熊本地裁は本件について再審を開始する決定をしまし

証拠開示について報じる記事（2018年3月2日日経夕刊、日本経済新聞社）

た。この決定に対し検察官が即時抗告しましたが、2017年11月29日、福岡高裁は検察官の即時抗告を棄却し、再審開始を維持すると決定しました。しかし、検察官がさらに特別抗告したため、現在、審理の場は最高裁に移っています。

3. 熊本地裁による再審開始決定の判断

　松橋事件において裁判所が判断の基礎とした新証拠は7点ありましたが、そのうち①切り出し小刀に関する新証拠（凶器とされた小刀と被害者の遺体の傷の形状が矛盾するとの法医学鑑定書）、②「巻き付け布」（自白によれば、凶器に巻き付けたとされる宮田さんのシャツの左袖部分）に関する新証拠は、「自白の核心部分に客

松橋事件　33

観的事実との矛盾があることを示すもの」であると認定されました。また、そのほかの4点の証拠（③致命傷となった傷はセーターの上から刺されたものであり、「刺さった傷の隙間から血がにじみ出るのが見えた」旨の自白と矛盾するという内容の鑑定書など）も、「自白の信用性を担保するとされた各補助事実の存在を疑わせるもの」であると認定されました。

4. 再審請求の前の時点での証拠開示の重要性

(1) 再審請求前に開示された証拠物

　松橋事件弁護団は再審請求を行った2012年よりも10年以上前に、今回の再審開始決定に大きな影響を与えた巻き付け布（前記新証拠②）を、検察庁での証拠物の閲覧によって発見していました。自白によれば凶器に巻き付けて犯行に使用し、後に燃やして捨てたとされた巻き付け布が、何と検察庁に保管されていたのです。

　また、凶器と傷の不一致に関する鑑定書（前記新証拠①）や、衣服と創傷に関する鑑定書（前記新証拠③）も、再審請求前に、弁護団が検察庁で証拠物である凶器や被害者の衣服を閲覧した上で鑑定を依頼し、確定判決の認定の矛盾を指摘する鑑定結果が得られたものです。

　このように、再審開始決定の決め手となった新証拠は、再審請求前に弁護団が検察庁から開示を受けたことによって発見されたもの、またはそれを手がかりに作成したものでした。

　弁護団が再審請求前に開示を受けたのは証拠物に限られましたが、これらの証拠を事前に閲覧したことで、再審請求後も弁護団の意見の方向性を決定づけることができました。

(2) 再審請求前における証拠開示の必要性

　再審請求前の証拠開示、とりわけ証拠物の開示については法律で明文化された基準がありません。証拠物を保管している検察庁に対し、個別に閲覧許可を求めるという形では、その対応にばらつきが出る可能性がありますし、検察官の裁量に委ねてしまうと、閲覧許可を拒否する方向へ働く可能性が高いと考えられます。

　本件が示すとおり、証拠開示の法制化の必要性は再審請求後だけではあり

ません。再審請求前の時点でも必要に応じて証拠開示が実現するような仕組みを作る必要があり、そのことが再審開始への道筋を大きく広げるものである、ということを痛感しています。

5. 再審請求後における証拠開示をめぐる攻防

(1) 再審請求後の証拠開示

　他の多くの再審請求事件と同様に松橋事件でも、弁護団は再審請求を行った直後に証拠開示の申立てを行いました。しかし、裁判所は当初ほとんど反応を示しませんでした。

　裁判所の証拠開示に対する姿勢が変わってきたと思えるようになったのは、申立てから相当の期間が経過してからのことでした。熊本地裁では再審請求から決定が出るまでに4年の歳月を要し、開催された三者協議は20回を超えました。その間弁護団も検察官も何度も書面を提出しましたが、書面を提出するだけでは裁判官の反応を推し量ることはできません。その意味で、三者協議の場は弁護団の疑問や指摘すべき事項を裁判官に直接告げられる格好の場でした。

　また、弁護団は三者協議の後には毎回マスコミへのレクチャーを行ないました。その報道内容が裁判官の眼にも留まったでしょう。このような経過を経て、裁判所が少しずつ心証を固めたのではないかと思われます。

　証拠開示の問題と再審開始の心証とは理論的には別の事柄ですが、実際には裁判官の心証が再審開始の方向へと傾いたときに、その方向に間違いがないかを検証するために必要な証拠を見ておこう、という気になり、証拠開示に積極的な姿勢に転じるのではないのではないでしょうか。

(2) 熊本地裁の証拠開示勧告と検察官の対応

　弁護団が行った証拠開示請求について、裁判所は検察官に対し、当初は任意の証拠開示を求めていました。しかし、検察官は全く応じようとしませんでした。

　どのような証拠が存在するのか、その全体像が見えない中で、未開示証拠を手探りで予測し、求めざるを得ない状況を打破するために、弁護団は全ての未提出証拠について、目録 (リスト) を作成のうえ、その作成した目録を開示

松橋事件　35

するよう求めました。

　その結果、熊本地裁は2013年12月9日、検察官に対し、犯行現場に残された血痕や指紋、足跡などに関する鑑定書等の客観的な証拠や、未提出の関係者の供述書等11項目について、①目録を作成の上、これを裁判所および弁護側に開示せよ②証拠を弁護側に開示せよという内容の、証拠及び目録（リスト）の開示勧告を出しました（なお、同月18日、証拠物に関して追加して開示勧告）。

　証拠の目録（リスト）開示はその後の証拠開示を実現させる上で、極めて重要な意義を有するものです。しかし、検察官はリスト開示については極めて消極的でした。結局、再審請求審において、未提出証拠の全体についての証拠開示勧告にまでは至りませんでした。

6. まとめ——再審における証拠開示を実現するには

　通常審の段階から判決確定後に至るまで、証拠を独占しているのは捜査機関側であり、再審請求審で検察官から証拠開示がなされなければ、再審開始決定を勝ち取ることは極めて困難です。しかし弁護団が検察官に開示を求めても、激しい抵抗に遭うのが常です。ではどうすれば良いのでしょうか。

　再審における証拠開示が法制化されていない現状においては、結局のところ、裁判所を味方につける以外にはないように思います。再審制度というものが存在している以上、検察官は裁判所の言うことだけは聞かざるを得ません。その意味で、実は証拠開示の相手方は検察ではなくて、裁判所なのです。裁判所をいかに説得して、その気にさせるのかが問題です。そのために、粘り強く真実をあぶり出そうとする弁護団の姿勢こそが肝要であるし、そのような姿勢を最後まで貫くことが必要なのではないでしょうか。

　また、このような経験から、裁判所がひとしく証拠開示に向けた訴訟指揮を行えるよう、今後は再審における証拠開示の法制化が必要不可欠であると思います。

36　第1部　日本の現状を知る——各弁護団による事例報告

大崎事件

泉 武臣

1. 事件の概要

　大崎事件は、1979年10月15日に、鹿児島県大崎町で被害者のご遺体が自宅横の牛小屋の堆肥の中から発見されたことが事件の発端でした。

　被害者である四郎さん（仮名。再審請求人である原口アヤ子さんの義弟）は遺体となって発見される3日前、酒に酔って、自宅から少し離れた農道の脇の側溝に自転車ごと転落する事故を起こしています。四郎さんはそのあと起き上がれずに道で寝そべっていましたが、それを近隣住民2人が車で迎えに行き、四郎さんを自宅に連れ帰っていました。

　捜査機関のストーリーは、自宅に連れ帰られた四郎さんを土間で見つけた原口アヤ子さんが、日ごろから酒癖が悪い四郎さんへの恨みが募って殺害を決意し、いずれも四郎さん方と同じ敷地内に隣接して住んでいた義弟の二郎さん、夫（当時）の一郎さん（いずれも仮名）に次々と共謀を持ち掛け、3人で四郎さん方へ向かい、二郎さんと原口さんが四郎さんの身体を押さえ、一郎さんがタオルで首を絞めて殺し、この3人に二郎さんの息子である太郎さん（仮名）を加えた4人で遺体を堆肥に遺棄した、というものであり、確定判決も、ほぼそのストーリーどおりの認定をしました。

2. 確定審の経過

　事件発覚直後、一郎さんと二郎さんは任意同行の段階ですぐに犯行を自供させられて、逮捕されました。ただし、2人の当初の自白は、殺人、死体遺棄ともに2人でやったというものでした。その後、2人の自白は、犯行人数も役割分担も大きく変わるという変遷をしました（その後太郎さんも死体遺棄を自白）。一郎

原口アヤ子さんを見舞う、櫻井昌司さん（布川事件）、袴田ひで子さん（袴田事件・袴田巖さんの姉）、菅家利和さん（足利事件）（右から）。2018年8月11日

さん、二郎さん、太郎さんはいずれも知的障害を持っていましたが、捜査・公判とも障害への配慮は全くなされませんでした。

　自白を支える客観証拠はほぼありませんでしたが「共犯者」らは公判でも事実を争わずに有罪となり、控訴もせずに服役しました。原口さんだけは一貫して否認しましたが、「共犯者」らの自白によって有罪となり、懲役10年が確定して満期服役しました。

3. 再審請求の経過

　原口さんが第1次再審請求を行ったのは1995年です。2002年に鹿児島地裁が画期的な再審開始決定を出しましたが、検察官の即時抗告によって福岡高裁宮崎支部で取り消されてしまいました。

　第2次再審請求審（鹿児島地裁）は、実質審理を何も行わずに2014年3月6日に再審請求棄却となりました。即時抗告審（福岡高裁宮崎支部）はかなり充実した審理と証拠開示を行いましたが、結論としては再審開始を認めず、2015年2月2日に第2次再審も終わっています。

　第2次再審の終結からわずか5カ月後の2015年7月8日に行った第3次再審請求は、2017年6月28日に鹿児島地裁で再審開始が決定され、2018年

3月12日に福岡高裁宮崎支部もそれを維持する決定を出し、現在検察官による特別抗告によって最高裁で審理が行われています。

4. 第2次・第3次再審の審理にみる「再審格差」

(1) 第2次再審請求審の審理と証拠開示

第2次再審請求審（鹿児島地裁）において、弁護人は、法医学鑑定と供述心理鑑定を新証拠として提出しました。しかし、裁判所は、いずれの鑑定人についても証人尋問はしませんでした。

証拠開示についても、弁護人は、未提出記録を取り寄せてほしい、検察官は「公益の代表者」として証拠開示に協力する義務がある、裁判所は訴訟指揮権に基づいて証拠開示を積極的に行うべき義務がある、といった点を繰り返し主張しました。

すると、裁判所における協議の場で、検察官は「第1次再審請求において証拠開示をしたので、検察庁には、それを超えて証拠は存在しない見込み」と回答しました。

そこで弁護人は、証拠の存否や廃棄の有無などを回答する表を作成して、その書式で回答することを求める求釈明申立書を出しましたが、所轄の志布志警察署も県警本部も「そんな証拠は保管していない」「過去にあったとしても検察庁にすべて送っている」という回答を返してきました。

また、検察官が「第1次再審の即時抗告のときに検察庁が集めた証拠のリストをつくっている」と協議の際に発言したことがあったことから、弁護人はそのリストを開示せよと要請しましたが、検察官は応じませんでした。

これらの弁護人側の証拠開示の要請に対して裁判所は「捜査機関の回答に疑わしいところは見当たらない」として、証拠開示について何らの勧告・命令も行わないまま、再審請求を棄却しました。

(2) 即時抗告審の審理と証拠開示

第2次再審の即時抗告審（福岡高裁宮崎支部）で弁護団は、第1回の協議の前に証拠開示請求書を出しました。すると裁判所は第1回の協議において「検察官は次の協議日までに意見を出せ。検察官の意見を聞いたら裁判所の判断を示す」と言いました。それまで私たちは何度も証拠開示の要請書を出してい

大崎事件　39

福岡高裁宮崎支部の「勧告」

平成25年(く)第5号

勧　　告

申立人　原口アヤ子

上記の者にかかる再審請求棄却決定に対する即時抗告申立事件について，当裁判所は，福岡高等検察庁宮崎支部検察官に対し，次のとおり勧告する。

1　申立人弁護人に対し，申立人の第一次再審請求事件にかかる検察庁保管の書類の標目を開示されたい。
2　別紙1及び別紙2記載の各書類について，その有無を調査し，検察庁及び鹿児島県警察に現存する書類（開示済みのものを除く。）の標目を作成し，申立人弁護人に対し，その標目を開示されたい。

平成25年7月18日

福岡高等裁判所宮崎支部

裁判長裁判官　　原　田　保　孝

これは謄本である。
平成25年7月18日
福岡高等裁判所宮崎支部
裁判所書記官　東　條　博　喜

ましたが、その要請を初めて裁判所が受け止めてくれた瞬間でした。

　その後、福岡高裁宮崎支部は書面で画期的な証拠開示勧告を行いました。まずは書類の標目の開示勧告です。これは「第1次再審において検察官が収集した証拠のリスト」という大崎事件特有のものでしたが、そのリストを出せという勧告でした。それから、上述の「弁護団作成の回答書式に回答せよ」と求めて、弁護人が請求審段階で提出した文書——証拠を類型的に例示した表——について、裁判所は検察官に対し、「その表に該当する証拠があるかどうか、その有無を調査して、検察庁及び鹿児島県警に現存する書類の標目を作り、それを申立人・弁護人に対して開示せよ」という内容の勧告をしてくれました。

　こうして裁判所が働きかけたところ、なんと検察官から213点もの証拠が五月雨式に開示されて、うち30数点は県警から出てきたものでした。同じリストで前に聞いたら「ない」と言ったのに、裁判所が「出しなさい」と言ったら出てきたのです。「検察庁にはない見込み」「所轄・県警には存しない。過去に存してもすべて検察庁に送っている」という各回答は虚偽であったことが明白になったのです。

　この30数点の中には46本のネガフィルムがあり（証拠開示書上、「ネガフィルム（46本）」で「一つ」の証拠と数えられていました）、これについては検察官が「46本のうち20本分ぐらいの500枚しか印画できなかった。その余は経年劣化しているのでフィルムケースから取り出すだけで壊れるかもしれない」と回答しました。

　そうして213点の証拠を開示した結果、検察官は「大崎事件に関する証拠はもはや存在しない。不見当ではなく、不存在である」と協議の場で正式に述べました。

　同じ事件の再審請求の、請求審と即時抗告審において、証拠開示に向けた対応がここまで異なったのです。

　即時抗告審の審理においては、法医学鑑定・供述心理鑑定それぞれの証人尋問がなされました。その結果、結論として再審開始は認められませんでしたが、証拠開示で出てきた関係者の初期供述に関する証拠やポリグラフ検査結果には一部証明力が認められ、新旧全証拠の総合評価に加えられました。

⑶　**第3次再審請求審における証拠開示**

　2015年7月に申し立てた第3次再審請求審（鹿児島地裁）では、法医学鑑定

大崎事件　41

人の尋問や、2度にわたる供述心理鑑定人の尋問など、迅速かつ充実した審理が行われました。

　証拠開示においても、第2次再審段階で存在が判明していた46本のネガフィルムについて、弁護側がネガフィルム自体を開示するよう迫り、検察官から46本すべての開示を受けて弁護側で印画したところ、500枚ではなく、なんとほぼ全コマの1243枚の印画に成功しました。

　さらに、そのネガフィルムのケースには連番で番号が付されていたのですが、「21番」のネガフィルムケースが抜けていました。そこで「21番が開示されていないから開示せよ」と要請したところ、検察官は「警察署に確認したが21番のネガはない。ネガフィルムのケースは使い回すので欠番があっても不自然ではない」と回答しました。

　そこで裁判所が検察官に対して「再度探索せよ」「保管状況を報告せよ」「証拠が存在すれば開示を求める。存在しない場合は不存在である合理的理由を付して文書で回答せよ」と迫ったところ、検察官は「21番ネガありました。そのほかにも17本分のネガフィルムがありました」と回答してきました。21番ネガの不存在どころか、なんとその前の「大崎事件の証拠はもはや不存在」であるという回答もやはり虚偽だったのです。

　第2次即時抗告審でようやく実質審理が行われ、裁判所の訴訟指揮によって証拠開示も促進され、その到達点からスタートした第3次再審請求審でさらに積極的な審理と証拠開示が行われ、再審開始決定に結実した経過を見ると、第2次再審の請求審段階で、きちんとした審理と適切な証拠開示勧告がされていれば、原口さんを91歳になるまで待たせることなく、もっとずっと早く、再審開始、そして無罪が確定していたかもしれないと強く思います。

5. 冤罪救済の平等——再審格差を是正するためには

　以上の大崎事件の教訓からは、冤罪救済の平等、再審格差の是正を図るには、どんなにやる気のない裁判体であっても再審請求において充実した審理手続を行い、証拠開示に向けた訴訟指揮をせざるを得なくなるような法制度の構築が不可欠であるという結論が導かれることになります。

42　第1部　日本の現状を知る——各弁護団による事例報告

日野町事件

石側亮太

1. 事件の概要

　1984年12月28日の夜から翌朝までの間に、滋賀県の日野町内にある酒店の女性店主の行方が分からなくなりました。翌年1月18日、造成中の町内の宅地で絞殺されたとみられる遺体が発見され、さらに同年4月28日には町内の山中で酒店にあった手提げ金庫が発見されて、強盗殺人事件であったことが判明しました。捜査は難航し、3年以上を経た1988年3月に、酒店の店頭でお酒を飲む常連客であった阪原弘さんが警察に連行されました。阪原さんは長時間の取調べ後に、お金が欲しくなって店主を絞め殺したという自白をしたとされ、逮捕されました。逮捕後は、阪原さんの自白調書だけでなく、犯行の再現や、遺体発見現場や金庫発見現場を案内したとされる引当て（犯行現場や関係先の道筋をたどること）を内容とする実況見分調書が作成されました。起訴後、阪原さんは、自白は警察官の暴行・脅迫によるものであると訴え、一貫して否認しましたが、無期懲役の判決を受け、2000年9月に上告棄却により刑が確定しました。

　2001年には第1次再審請求を行いましたが、2006年に大津地裁は再審請求を棄却、その即時抗告審を闘っている最中の2011年3月、阪原さんが他界され、第1次再審請求は中途で終了してしまいました。2012年3月、阪原さんの名誉だけは何としても回復したいと決心した遺族が第2次再審請求を行い、約6年の審理を経て、2018年7月11日、大津地裁は再審開始を決定しました。しかし、検察官が同決定に対する即時抗告を申し立てたことにより、再審開始決定は確定せず、未だ再審公判が開かれていません。

再審開始決定を報じる新聞記事（2018年7月12日産経大阪版朝刊、産業経済新聞社）無断転載不可

2. 脆弱な証拠構造

　日野町事件の有罪判決は、その証拠構造の脆弱さを大きな特徴としています。阪原さんと犯人を結びつける物的な証拠はなく、有罪の根拠となり得るものは、任意性に争いのある自白調書と、いくつかの間接事実のみでした。自白調書は、動機も曖昧で、内容的な変遷や不合理な点、他の証拠との不整合など多くの疑問があり、間接事実も、店内から指紋が発見されたことや（常連客なので指紋があっても不思議はありません）、行方不明直前に店舗の近所で目撃されたこと等、犯行との結びつきが弱いものばかりでした。

　第1審判決は「自白内容に従った事実認定ができるほど信用性は高くない」としながら、自白以外の間接事実から有罪を認定できるとしました。他方、控訴審判決は、第1審が有罪の根拠とした間接事実は、それだけで犯行との結びつきを認めることはできないとしつつ、自白については「基本的根幹部分」は信用できるとして、第1審とは全く逆の理由を述べながら、有罪の結論だけを維持しました。このような理由づけの「ねじれ」は、本来ならば、無罪とするしか

44　第1部　日本の現状を知る——各弁護団による事例報告

ない脆弱な証拠から、強引な手法でひねり出された有罪判決であることを象徴しています。

3. 再審請求手続における証拠開示とその意義

　日野町事件の再審請求手続は、証拠開示が大きく進展したことが特徴の一つです。一般に、有罪判決の「柱」となるような証拠がある事件では、再審請求においても、それをターゲットとして弾劾する弁護活動を目指すことが多いと思います。しかし、本件のように、有罪の「柱」がないまま曖昧な根拠で有罪判決がされている場合（本来あってはならないのですが）、再審で弾劾するターゲットを絞ることができず「全ての証拠関係」を検討せざるを得ません。従って、検察官が有罪の根拠として確定審に提出した証拠だけでなく、全面的な証拠開示をさせる必要性が極めて高い類型であると言えます。

　第1次再審請求の序盤で、弁護団は全面的証拠開示請求を行い、裁判所は検察官に対し、未提出記録一覧を書面で提出するよう求めました。検察官は、警察から送致された34通の送致書（警察から検察に証拠を送るときに付する書類）の写しを元に、送致書記載の書類の標目だけでなく、その内容の要旨を記載した一覧表を作成し、開示しました。この一覧表により、警察からの送致証拠の概要が明らかになり、さらに一覧表を弁護団が時系列順に整理したことで、事件発生後約3年の捜査の経過を推察することができるようになりました。この証拠一覧表が、その後の再審弁護活動を推し進める大きな原動力になりました。現在では、2016年の刑事訴訟法改正により、通常事件の一部（公判前整理手続に付された事件）で証拠一覧表の交付が制度化されていますが、条文上、証拠の内容（「要旨」）の記載は求められておらず、その使い勝手が問題となっています。日野町事件での「要旨」を記載した証拠一覧表の開示は非常に先進的なものであったと言えます。

　第2次再審では、証拠一覧表と証拠開示がなければ判明し得なかった重要な事実が判明しました。その一つは、阪原さんが金庫発見地点に捜査員を案内できたとする実況見分調書の写真が虚偽のものだったということです。証拠開示により、実況見分時に撮影された写真のネガが提出されたのですが、そのネガを弁護団が分析すると、実況見分調書に貼付された「金庫発見地点ま

日野町事件　45

検察官が作成・開示した証拠一覧表（冒頭部分）

文書の標目	作成年月日	作成者	要旨
1 犯罪捜査復命書	S63.3.7	甲(警察官実名)	捜査の端緒・経過
2 電話受信簿	S59.12.29	乙(警察官実名)	Vの捜索願の電話を受理したこと
3 犯罪捜査復命書	S59.12.30	丙(警察官実名)	Vの失踪時の状況等
⋮	⋮	⋮	⋮

で捜査員を案内している場面」の写真として、実際には金庫発見地点から引当開始地点に戻る帰り道で撮影された写真が何枚も使われていることが判明しました。捜査員は「金庫発見地点に向かう場面」であるかのように阪原さんに「回れ右」をさせて撮影していたのです。先に述べたように、阪原さんと犯人を結びつけ得る証拠が自白調書しか存在しない中で、「阪原さんが山の中にある金庫発見地点に捜査員を案内できた事実」は、脆弱な証拠構造を下支えする柱のような重要な位置づけを持っていました。その柱が致命的に揺らいだのです。実況見分調書の内容が虚偽であったならば、その調書に沿って実況見分の状況を説明した捜査官の証言も虚偽であったことになります。

　実況見分調書ネガの開示によってこの事実が判明したのは2012年10月のことでした。実は、この時点まで、当時の裁判長は審理に積極的な姿勢を見せず、同年12月までに弁護人の最終意見書を提出するように求め、早期に審理を終結する方針を示していたのです。しかし、ネガ開示によって、有罪認定を辛うじて支えていた「金庫発見地点の案内」という事実が崩れたこと、しかも、裁判所に提出された証拠や、その証拠に沿った証言が虚偽であった可能性に直面し、裁判所は消極的な審理姿勢とスケジュールを変更せざるを得ず、これ以後さらに多数の証拠開示が実現することになりました。

　証拠開示によって、他にも重要な事実が明らかになっています。例えば、発見された遺体は手首がビニール紐で縛られていたのですが、阪原さんは、手首を縛る「再現実況見分」をさせられています。これも、犯行再現の実況見分調書には、いかにも阪原さんが記憶にしたがってスムーズに再現しているような場面の写真が貼付されているのですが、この再現の際に撮影された全写真のネガが開示されたことにより、調書の写真の場面以前に、何度も繰り返して再現をしている場面があったことが分かりました。「練習」を繰り返させた上で

「本番」の再現をさせて、「スムーズに再現できた」証拠を作っていたのです。

また、阪原さんは、被害者が行方不明になった翌年である1985年の9月の時点で、一度任意での取調べを受け、関与を否定して帰宅しています。阪原さんには、被害者が行方不明になった夜は、知人宅での宴会に参加していたというアリバイがあり、阪原さんを犯人と疑う警察にとって「障害」となったと思われます。ところが、証拠開示が進んだ結果、任意取調べから約2年半が経過した1988年3月に阪原さんを逮捕するまでの間に、警察が阪原さんの親戚に接触して、アリバイ主張を断念させるための工作を試みていた事実も判明しました。

ここでは全てを紹介することはできませんが、日野町事件における証拠開示は、3年余にわたる捜査の過程を浮き彫りにしました。その結果、阪原さんを犯人と決めつける杜撰で恣意的な捜査が行われたことや、警察が作成する実況見分調書などの証拠には作為的な演出が加えられていたことなどが明らかになりました。捜査の公正さに疑問が生じたことが、裁判所を再審開始決定に向かわせた大きな要因であったことは間違いないと思われます。

十分な証拠開示が行われることの意義は、不公正な捜査を防ぎ、冤罪の事後的救済だけでなく、冤罪を予防する上でも不可欠であると言えます。そして、それを確実にするためにも、再審における証拠開示の法制化をぜひとも実現させるべきです。

引当捜査の実況見分調書に金庫発見地点（灰色矢印の方向）を案内する途中の状況として貼付された写真（実際の写真をもとにイラスト化）。開示されたネガの撮影順から、実際には、白色矢印のように、金庫発見地点からの「帰り道」でUターンさせて撮影されていたことが判明した。

日野町事件　47

飯塚事件

岩田 務／野尻昌宏

1. 事件の経過

　1992年2月20日、福岡県飯塚市内で登校途中の小学校1年生の女の子2名が行方不明となり、翌21日に遺体で発見されました。また、同月22日には、女の子2名のランドセル等の遺留品も発見されました。

　事件発生から2年7か月後の1994年9月、久間さんという小学校近くに住む54歳の男性が逮捕されました。久間さんは一貫して犯行を否認していましたが、裁判の結果有罪とされ、1999年には福岡地裁が、2001年には福岡高裁が、2006年には最高裁が、それぞれ死刑判決を出しました。そして、2008年10月に死刑が執行されました。死刑判決確定後2年という異例の早さでの執行でした。

　2009年10月、久間さんの遺族が福岡地裁に再審請求を行いましたが、2014年3月、福岡地裁は請求棄却決定を出しました。これに対する弁護人の即時抗告も2018年2月6日に福岡高裁によって棄却され、現在、最高裁に特別抗告中です。

2. 飯塚事件の特徴

　飯塚事件の特徴は、久間さんが終始一貫して犯行を否認し、自白や他の直接証拠がないにもかかわらず、情況証拠のみから有罪とされた点にあります。それらの情況証拠の中でも、有罪認定の柱となっているのは、①遺留品遺棄現場付近で目撃した不審な車について、久間さんの車と一致する特徴を詳細に証言するT供述、②犯人と久間さんの血液型が一致したとする血液型鑑定、③犯人と久間さんのDNA型が一致したとするMCT118型、HLADQα型の

48　第1部　日本の現状を知る——各弁護団による事例報告

DNA型鑑定です。

しかし、裁判所は久間さんを有罪とする結論に合うようにこれらの証拠の評価を曲げていると考えざるを得ません。

3. T供述の問題点

T供述には、そもそも運転中の一瞬の目撃で不審車両の特徴を詳細に確認・記憶できるとは考えられないという問題点に加えて、T証人が目撃車両の特徴を詳細に語った取調べに先行して、T証人の担当取調官が久間さんの車両を見てその特徴を確認していたという問題点があります。事前に取調官が久間さんの車両の特徴を確認していたということは、T証人の取調べにおいて、不審車両について、久間さんの車両と一致する特徴を詳細に語るよう、T証人の担当取調官による誘導がなされたことが強く疑われます。

4. 血液型鑑定の問題点

また、血液型鑑定については、鑑定試験（凝集素解離試験）の性質からは、犯人の血液型はAB型、もしくは、AB型またはB型と評価されるべきところが、敢えて久間さんの血液型と一致するB型と曲解されているという問題点があります。

5. DNA型鑑定の問題点
——MCT118型鑑定の3つの欠陥

さらに、DNA型鑑定の中でも特に有罪認定の中心となったMCT118型鑑定には、3つもの大きな欠陥があります。いずれもその1つだけで鑑定書の証拠能力が否定されるべき重大な欠陥ですが、裁判所は、不都合な事実を無視するなどして、科警研が行った MCT118型鑑定の証拠能力を否定していません。

(1) **資料の廃棄**
第1の欠陥は、再試験ができる資料が残されていないという点です。

飯塚事件　49

足利事件や東京電力女性社員殺害事件では、残されていた資料からの再鑑定によって無実が証明されました。

　一方、飯塚事件でも、被害者２名の膣内容や膣周辺の血液等を脱脂綿で採取した現場資料があり、かつ、それらはいずれもDNA型鑑定や血液型鑑定を行うには十分な量のものでした。ところが、科警研鑑定が終わった段階で、いずれの資料も長さ僅か１センチの木綿糸状になっていた上、それらも後の追試のための鑑定で全て費消されて残っていないとされているため、再鑑定ができません。

　しかし、そもそも鑑定には十分な量の資料が全て費消されてしまうこと自体が不自然なことです。また、各被害者の膣内容と膣周辺から採取した合計４種類の資料は、もともとは資料ごとに量も異なっていたところ、それらの資料がDNA鑑定でも血液型鑑定でも同じ試験で同程度の量が費消されたのですから、少なくとも、資料によっては科警研鑑定が終わった段階でもっと多くの量が残っていないとおかしいはずです。つまり、これらの資料の大部分は、実験によって費消されたのではなく、再試験を不可能とするために廃棄されたとしか考えられません。その上、鑑定試験の際に作成されるはずの実験ノートや写真も廃棄されており、科警研による鑑定の過程を検証することもできません。

⑵　鑑定手法自体の欠陥

　MCT118型鑑定の第２の欠陥は、当時、そもそもの鑑定法自体が正しい型を判定できないレベルのものであったことです（足利事件では捜査段階で、飯塚事件で行われたのと全く同じMCT118型鑑定が行われ、有罪判決の根拠となっていましたが、再審請求の即時抗告審段階で新たに実施されたDNA型再鑑定により、MCT118型鑑定の証拠能力が否定されました）。

⑶　実験データの改ざん

　MCT118型鑑定の第３の欠陥は、データの改ざんがあったことです。再審請求の手続の中で裁判所が科警研からネガフィルムを取り寄せたところ、電気泳動実験のデータに重大な改ざんが２か所あることが判明しました。

　ネガフィルムに関する第１の改ざんは、実験結果の写真が一部切り取られていたことです。次頁の**写真１**がMCT118型鑑定の電気泳動実験のネガフィルムで、**写真２**がその白黒を反転したポジ写真の画像です。そして、写真２の白い枠で囲んだ部分を焼きつけた写真が**写真３**のように鑑定書に貼られ

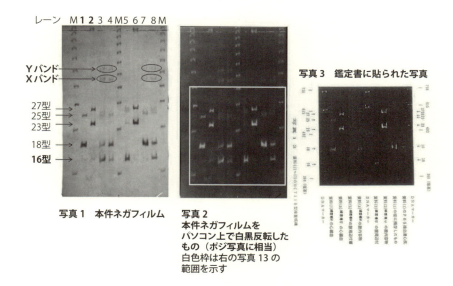

写真1 本件ネガフィルム
写真2 本件ネガフィルムをパソコン上で白黒反転したもの（ポジ写真に相当）白色枠は右の写真13の範囲を示す
写真3 鑑定書に貼られた写真

ていますが、写真1と2では、白い枠から外れた上のほうに久間さんとは全く別人のMCT118型を示すバンド（XYバンド）が写っているのが分かります。つまり、鑑定書の写真（写真3）では、意図的にこの部分が切り取られてしまっているのです。

　第2の改ざんは、焼き付けの光量を意図的に調整している点です。写真1のレーン1と2は被害者両名の心臓血（他者の血液が混在する可能性が全くない血液です）の資料の電気泳動像ですが、この資料の16型付近に、バンドが出ているのが分かります。しかし、16型というのは科警研鑑定が犯人のDNA型の1つだとしていたものなので、被害者の心臓血から16型が出たということは、この実験自体が致命的な間違いを犯して破綻していることを示してしまいます。そこで、この失敗を隠すため、鑑定書に貼られた写真3は、暗く焼きつけることによって心臓血の部分の16型が分からないよう、改ざんがなされているのです。

6. 再審請求審における証拠開示
　　――特に鑑定資料について

　再審請求審をはじめに担当した裁判長は、MCT118型鑑定の実験結果の

飯塚事件　51

ネガフィルムを科警研から取り寄せました。同ネガフィルムは、確定審における証拠でしたが、実際には科警研の技官の尋問のときだけ法廷に持参され、尋問が終わると直ちに持ち帰られ科警研が保管し続けるという極めて異例の手続が取られていたため、この裁判長がネガフィルムを取寄せたことは、確定審における事実上の未提出資料が再審請求段階で開示されたと評価することができます。その結果、上記の2つの改ざんの事実が明らかになりました。

　しかし、その後の請求審の後任裁判長や、即時抗告審の裁判長は、証拠開示について消極的でした。T証人の取調官が事前に久間さんの車両の特徴を確認した際の捜査報告書についても、T供述の信用性に関わる重大な証拠であり、かつ、存在しているはずであるため、弁護団は証拠開示請求を行いましたが、裁判所は開示勧告をしませんでした。

　もし、証拠開示が適切に行われたならば、T証人に対する誘導の事実がより一層明らかとなり、T供述が信用できないことが明確になるはずです。

　また、DNA型鑑定や血液型鑑定に用いられた現場資料は、これまでは費消されたことを前提に論じてきましたが、実際は科警研に密かに保管されている可能性もあります（むしろ、その可能性の方が高いと思われます）。その場合、証拠開示が適切になされることで、東京電力女性社員殺害事件と同様に、再鑑定によって久間さんの無実が明らかにされるはずです。しかし、本件のこれまでの再審手続では、鑑定資料の開示は実現しませんでした。

　科学的証拠によって有罪とされた事件では、鑑定資料が適切に保管されていなかった場合や、捜査機関によって隠匿されていた場合、冤罪救済を不可能とする取り返しのつかない深刻な事態となりうることを、飯塚事件の再審は何よりも雄弁に物語っています。

東京電力女性社員殺害事件

鈴木郁子

1. 事案の概要・事件の経過

(1) 事案の概要

　本件は、1997年3月8日の深夜、渋谷のラブホテル街にある喜寿荘101号室というアパートの一室で、東京電力の女性社員が、頸部を圧迫され窒息死させられて、ショルダーバック内の現金4万円を強取されたとする強盗殺人事件です。

　事件発生から10日ほど経った3月19日に死体が発見されましたが、ゴビンダさんが犯人とされたのは、現場から、ゴビンダさんのDNA型と一致する精液の入ったコンドームと陰毛が発見されたからです。

　ゴビンダさんの言い分は、現場は空室で鍵がかかっておらず、誰でも入ることができたところ、精液の入ったコンドームや陰毛は、事件の約1週間〜10日前にそこで被害女性と関係を持った際のものであるというものでした。なお、ゴビンダさんはB型なのですが、現場にはO型の陰毛も落ちていました。

(2) 事件の経過

　ゴビンダさんは、1997年6月10日に強盗殺人罪で起訴され、1審では2000年4月14日に無罪判決となりましたが、2審では同年12月22日に逆転有罪（無期懲役）となり、2003年10月20日に上告も棄却されました。

　弁護団は、上告の際に事実上提出していたものをとりあえずの新証拠として2005年3月24日に再審請求を行い、請求後も考え得る限りの証拠開示請求、DNA型鑑定の請求を行いつつ、更なる新証拠の収集作業を行い、相応の証拠価値を持った新証拠を得られた段階でまとめて提出し、2009年11月5日に実質的に1回目となる三者協議が開始し、再審が動き出しました。

　そして、後述するようにDNA型鑑定を経て、2012年6月7日に再審開始・

無罪確定から5年あまり、シンポジウム参加のため再来日したゴビンダさん夫妻。2017年11月9日、東京にて（朝日新聞社提供）

刑の執行停止の決定がなされ、検察官による異議申立の棄却決定を経て、11月7日に再審無罪が確定しました。

2. 本件の証拠構造とDNA型鑑定

(1) 確定判決の証拠構造

　確定判決は、いくつかの間接事実をあげてゴビンダさんを犯人と認定しましたが、その重要な根拠となっていたのは現場にゴビンダさんのDNA型と一致する精液の入ったコンドームと陰毛が残されていたこと、そして、101号室は鍵がかかっていなかったとはいえ、被害女性がゴビンダさん以外の男性と101号室を使用することは考え難いということです。

　しかし、現場には、ゴビンダさんのB型とは異なるO型の陰毛も落ちていました。また、被害女性のショルダーバッグからはゴビンダさんと同じB型が検出されていましたが、そのDNA型がゴビンダさんと違うこともあり得ると考えられました。

(2) DNA型鑑定請求と再審請求審

　そこで弁護団は、DNA型鑑定が再審請求で重要な意味を持つことになると

別人のDNAと一致することを報じる新聞記事（2011年7月21日読売朝刊、読売新聞社）

考え、証拠開示請求の中でも、DNA型鑑定の対象資料となりうる物の証拠開示請求に力点をおきました。

そして、三者協議の直前に再審公判が開始されていた足利事件をふまえ、同事件を引用しつつ、DNA型鑑定資料の保全要求を行ない、実質的に第1回目となった2009年11月5日の三者協議でもこれを強調しました。これに対し、裁判所より、「DNA鑑定の対象物となりうるものについては、特にきちんと適切に保管されているかどうかを把握しておく責任があると考えているので、責任の所在という観点からも、対象物の有無と保管状況の現状について、明確にしていただきたい」との促しが検察官に対しなされました。

その検察官の調査過程中で、被害女性の膣内容物が見つかったという報告があり、弁護団は、2011年1月にこのDNA型鑑定請求を行ないました。これ

東京電力女性社員殺害事件　55

に対し、裁判所より、「証拠開示勧告や証拠開示命令を発する趣旨ではないが、検察官が保管している膣内容物等の証拠物については、証拠開示の準備行為として、できる物については、保管するよりも検察庁でDNA鑑定をし、その分析結果を開示することを強く希望する」という発言がなされました。

　そして、2011年3月に計42点の鑑定嘱託がなされ、同年7月に、被害者の膣内容物（O型）と現場に落ちていた陰毛（O型）のDNA型が一致するとの鑑定結果が提出されました。そうすると、そのDNA型の持主Xが現場に入り犯行に及んだ可能性が出てきますので、確定判決の証拠構造は完全に崩壊します。

　このようなDNA型鑑定の結論によって、本件は再審開始決定へと大きく動きましたが、検察官はあきらめきれずに、その後も、他にDNA型の鑑定対象となりうる証拠資料があったとして、再審公判開始までに、別途3回のDNA型鑑定を行っていました。結局それらはXの犯人性を示す鑑定結果であったため、2012年10月に検察官が無罪論告を行う形で再審公判は終結し、同年11月に無罪が確定しました。

3. DNA型鑑定と証拠の開示・保管

　本件はこのようにDNA型鑑定が再審無罪に直結した事案です。以下弁護人として考えたことをいくつかあげます。

(1)　再審格差

　DNA型鑑定実施が早期に実現したのは、裁判所（東京高裁第4刑事部）が、裁判官の交代はあったものの、足利事件の直後でもあったためか、一貫して鑑定実施に積極的であったことにあります。

　いわゆる「再審格差」が本件では有利な状況に働きましたが、裁判体によって、証拠開示やDNA型鑑定実施に対する態度が異なるのは不合理であり、再審格差の縮小に向けての立法化は必要です。

(2)　再審における証拠保管リスト、証拠の開示

　本件では、前述のように検察官に不都合な鑑定結果が出たあとに、別の鑑定可能な資料があるとして鑑定がなされましたが、アンフェアといわざるを得ません。最初から、全ての資料のリストが提出されるべきでした。

　なお本件では、最初のDNA型鑑定後に、被害者の乳房に付着していた唾

56　第1部　日本の現状を知る——各弁護団による事例報告

液がO型であるとの捜査段階の鑑定書が提出されました。類型証拠開示が認められる現在では1審で開示を受けられるはずの証拠であり、これが開示されていれば2審で有罪とはならなかったと思います。少なくとも類型証拠開示請求が認められる範囲の証拠については、再審においても法改正を待たずただちに開示がなされなければなりません。

(3) 鑑定資料の取扱い、鑑定内容・方法についての正確な記録

　幸いにも本件では、膣内容物や現場に残っていた陰毛からゴビンダさんが犯人でないことが分かりましたが、これらが廃棄されていたら無実を晴らすことはより困難だったでしょう。

　実は、弁護団がDNA型鑑定の重要な資料として一番期待をしていたのは、被害女性のショルダーバッグのDNA型抽出溶液でした。捜査段階の鑑定書には「残置がある」と書いてあり、鑑定請求を行うとともに、その存否等について照会をかけましたが、「今はない」という回答が出てきました。廃棄の経過は不明です。

　未来の鑑定技術の進歩に期待して、鑑定資料はできるだけ残すことが必要だと思いますが、残った鑑定資料の管理を正しく行いその後の状況を追跡できるようにすることが必要だと思います。

(4) 証拠の適切な保管と保管状況の記録化

　本件でも明らかなように、最新のDNA型鑑定は、ごく僅かな資料でもDNA型の検出が可能であり、また、その証拠価値は極めて高いものがあります。

　DNA型鑑定が重要な意味を有するということは、その前提として、対象資料が捜査段階から、コンタミネーション（試料の混合）や取り違え等の防止といった点に配慮した適切な保管が徹底されねばなりません。DNA型鑑定は精度が高いからこそ、証拠の採取・保管を正しく行い、後日これをきちんと検証できるように、その採取状況・保管状況が記録化されなければならないと思います。

　証拠の保管・記録化に関しては本当に注意深くやっていただきたい、その意味でも法制化がなされなくてはならないと考えます。

東京電力女性社員殺害事件　　57

大阪強姦事件

山本了宣

1. 事件の概要

　まず、これがどういう事件かということから始めたいと思います。今「事件」と言いましたが、実際には「事件」自体が存在しなかった、つまり、犯罪事実がそもそもなかったというのがこのケースです。

　当時60歳過ぎの男性が、同居していた少女を強姦したということで、少女から被害届が出ました。

　ただ、その男性には一切身に覚えがないことだったわけです。しかし、警察は少女のいう「被害」が信用できると考えました。男性は逮捕され、起訴されました。男性は「身に覚えがない」ということでずっと否認していました。

2. 1審での審理状況、裁判所の判断

　男性は公判でも事実を争いました。しかし1審判決は、少女がつくり話をして訴えることは考えられないというスタンスを強く打ち出し、少女の証言が信用できるという判断をしています。本件は基本的に客観証拠がありません。それから、少女の話もあれこれ変わったり不自然な部分がかなりありました。それでも、裁判所は少女の話が信用できるという判断をしています。

　男性は控訴審、上告審と争いましたが、いずれも控訴棄却、上告棄却となって有罪判決が確定しました。これが2009年5月15日の話です。男性は懲役12年の刑になりました。

3. 再審請求の状況

　その後、男性が服役して6年たったとき、その少女が「実際はそういう被害はなかった」と言ってくれました。これは実際の刑事裁判ではほとんど奇跡に近いような出来事ですが、それが新証拠となり、かなり早く再審請求ができました。

　当初、検察は再審開始を争うのだろうと思っていました。しかしこれも幸いですけれども、検察官が裏付け捜査を行った結果、少女の新しい証言が信用できるという結論になって、検察官は再審開始を争わず、男性は間もなく釈放にされました。

4. 再審請求審での証拠開示の状況

　問題は証拠開示です。この事件は再審開始という結論に争いはありませんでしたが、我々はそれでも証拠開示は求めました。

　一つには、やはり裁判ですから何があるかわかりませんので、得られる材料は得ておいて主張はきちんとしたいという理由からです。それから、我々弁護人の考えとして、なぜこういう冤罪が起きたのか、そもそも捜査の過程に問題があったのではないかということをきちんと検証したいと思いました。これは本来公的機関などにやってほしいことではありますが、現実にはそれが実施されることはないので、裁判の中でそれを実現したかったわけです。

　このケースでは、基本的に検察官はどんどん証拠開示をしていました。争わないというのが大きな理由だったのでしょうけれども、弁護人から検察官に対して証拠開示請求書というかたちで書面を出して証拠開示を求め、検察官もほぼ応じていたという印象です。拒否されることはあまりなかったと思います。

　ほかの再審事件などでは、裁判所を介して証拠開示のやりとりをする例が多いですが、このケースでは検察官・弁護人の間だけで証拠開示のやりとりをしていました。

　そういうかたちで進んでいきましたが、我々は途中で、それでは足りない、全部の証拠開示を求めようと考えました。まず前述のとおり冤罪の検証をしたいという考えがありました。さらに、そもそも事件自体が明らかに存在しなかっ

大阪強姦事件　59

たと分かっているというようなケースで、検察が何かを隠し持つ利益が果たして存在するのか、それはない、という風に考えました。それで、全部の証拠を開示せよという証拠開示請求を行いました。

　もちろん、検察官は拒否しました。そこで、裁判所に、検察官に対してすべての証拠を開示せよという証拠開示命令を出してほしいという申立てを行いました。

5. 再審請求審での証拠の一覧表交付命令と検察官の拒絶

　この事件では裁判所、検察官、弁護人の打合せの期日を定期的に行っていましたけれども、その申立てを出したあとの期日で、裁判官が検察官に向かって、「弁護人から全部の証拠開示という申立てが出ているけれども、それができるどうかはさておいて、これだけ特異な事件でもあるし、検察官、全部開示とは言わずとも、一覧表を出すことはできないでしょうか」という言い方をしました。検察官は「それはちょっと難しいと思います」というようなことを言っていました。

　すると、裁判官が急に手元の書面を読み上げ始めました。それは、本書付録の「再審における証拠開示に関する実例集」の134ページに載っているものです。そこに書かれている主文を裁判官が期日で読み上げ始めたわけです。

　その内容は「検察官は、弁護人に対し、本件について捜査機関が保管する一切の証拠の一覧表（証拠書類については、標目、作成年月日及び作成者（供述録取書にあっては供述者）の氏名の一覧を、証拠物については品名の一覧を、それぞれ記載した書面をいう。）を、平成27年1月31日までに、交付せよ」というものです。これは後に書面で交付されましたけれども、勧告ではなく、正式な決定です。

　この当時はまだ2016年改正刑訴法による証拠の一覧表交付制度も施行されていなかったころですから、かなり踏み込んだ決定だったと思います。

　「全部開示せよ」というのが弁護人のもともとの請求でしたけれども、裁判所はこれに少し違うかたちで応えたわけです。すると、1週間後の1月20日に検察官が「意見書」というタイトルの書類を裁判所に出してきました。「証拠の一覧表は提出しない」というわけです。

　そこには「裁判所がこういう決定を出すのは法律上許されない行為である。

検察官が出した「意見書」

平成26年(た)第22号

意 見 書

平成27年1月20日

大阪地方裁判所 第3刑事部 殿

大阪地方検察庁
検察官 検事 梅 本 大 介

　請求人　　　　に係る再審請求事件につき，平成27年1月14日付けで，本件について捜査機関が保管する一切の証拠の一覧表を弁護人に対し交付することを命じる旨の決定（以下「本件決定」という。）がなされたが，下記のとおり，本件決定は，訴訟指揮に関する裁量権を逸脱したものであり，応じられない。
　本件再審請求審においては，検察官も再審開始に反対することなく，確定判決の有罪の根拠となった被害者の供述の信用性を否定する客観証拠を含めて，請求人に有利な証拠を全て提出した。その結果として，本件では，既に再審開始決定を行うに足りる十分な事実調べがなされている。このような現状を踏まえると，本件決定は，再審請求審の目的を超えており，請求人の不安定な地位を不必要に長引かせるものであって到底是認できないから，裁判所におかれては，一刻も早く請求人を不安定な地位から解放すべく，直ちに再審開始決定を行うべきである。

記

第1　本件の経緯
　1　本件は，請求人が，請求人に対する強制わいせつ，強姦被告事件について，平成21年5月15日に大阪地方裁判所で言い渡された有罪の確定判決についての再審請求審である。

(以下、略)

よって、我々は一覧表は提出しない。請求人は現在、再審請求人という不安定な立場におかれているから、一刻も早くその不安定な立場から解放すべきであるのに、一覧表を出せなどという命令を出している裁判所はおかしい」、わかりやすく言うとそういうことが書いてありました。そして結局一覧表は出さなかったのです。

このケースの要点はここですが、私は、これは再審における証拠開示の問題なのかどうかという疑問がそもそもあります。裁判所は訴訟指揮権をもっていますので、訴訟では当事者は裁判所の訴訟指揮に基本的に従う義務があります。それで初めて訴訟という制度が成り立っていますので、再審の手続がどうこうという以前に、そのような裁判所の明示的な決定を検察官が単に意見書を出して無視できることになれば、それで果たして裁判が成り立つのかというレベルの問題だと思っています。

いずれにしても、今後、こういうことが起きない制度を考え、立法化していかなければならないでしょう。

6. 国家賠償請求訴訟

この事件については、刑事では無罪判決が確定して終わりましたが、現在、我々は国家賠償請求を行っています。

捜査・起訴が違法であり、その身体拘束によって男性が損害を受けたということに加え、証拠の一覧表の交付の拒絶についても問題にしています。再審請求人が一覧表の交付を受けて防御を尽くす権利があるのに、それを侵害しているという理由です。かつ、仮にも裁判所が正式に決定というかたちで出していて、明らかに強制力があるのに、よくわからない意見書1枚でそれを拒絶する行為が違法でないはずがないだろうというシンプルな理屈を主張しています。2019年前半には判決が出ると思います。

62　第1部　日本の現状を知る──各弁護団による事例報告

第2部

外国の制度から学ぶ

再審請求審における証拠開示

ドイツ法の視点から

斎藤 司

1. 本稿の問題意識と内容

　戦前に存在していた大正刑事訴訟法は、ドイツの刑事訴訟法をモデルとしていました。そして、今の刑事訴訟法は、この大正刑訴法の条文や考え方をある程度引き継いでいます。その代表例の1つが、再審制度です。それゆえ、日本における再審制度について研究しようとするとき、ドイツの再審制度のあり方や議論などが重要な研究対象とされてきました[*1]。

　もっとも、日本とドイツの再審制度は全く同じというわけではありませんし、再審以外の通常の刑事手続との関係も考えると、その違いはさらに大きなものとなります。そして、日本の元祖だからといって、ドイツの再審制度を日本にそのまま導入することは、実現可能な選択肢ではありませんし、妥当なものともいえないでしょう。まずはドイツの再審制度の現状や特徴をしっかり把握した上で、日本の再審制度の現状や特徴と比較しながら、学ぶべき点をあきらかにする必要があります。

　以上を踏まえて、本稿では、テーマを再審請求審における証拠開示に限定しながら、①ドイツ再審制度の概要の特徴の把握、②この作業から得られる示唆の検討、そして、③以上の作業を踏まえた日本の再審制度の特徴や問題点の検討を行いたいと思います。

[*1]　ドイツを対象とした再審制度の代表的な研究としては、大出良知「西ドイツ刑事再審法の研究・序説(1)−(5・完))」法律時報49巻3〜11号(1977年)、松宮孝明「ノヴァ型再審における請求審の構造について(一)(二・完)」南山法学13巻2・3号(1989年)、13巻4号(1990年)、加藤克佳「刑事再審法理の動向と課題——証拠の『明白性論』を中心として」愛知大学法学部法経論集138号(1995年)99頁以下、加藤克佳「刑事再審手続の構造」刑法雑誌36巻2号(1997年)205頁以下などをあげることができる。

2. ドイツ再審制度の概観

(1) ドイツ再審制度の目的

　まず、ドイツ再審制度の目的について確認しましょう。ドイツの再審制度は、今の日本と違って、不利益再審（無罪判決を有罪判決に変更するなど、判決を受けた者に不利益な再審）と利益再審（有罪判決を無罪判決に変更するなど、判決を受けた者に利益な再審）のいずれも認めています。もっとも、現状としては利益再審の請求の方が多くなされています（2015年の統計では、利益再審の請求が903件、不利益再審の請求が379件でした）。

　なお、日本の大正刑訴法でも両者は認められていました（もっとも、明治刑訴法では利益再審のみが認められていました）。これに対し、憲法39条が、「何人も……既に無罪とされた行為については、刑事上の責任を問はれない」こと（これを「二重の危険の禁止」といいます）を保障したこともあり、現行の刑事訴訟法では不利益再審は禁止されています。

　話をドイツに戻します。上記のようにドイツの再審制度は利益再審・不利益再審の両者を認めていますので、真実の発見という「正義の実現」と、確定した判決を維持するという「法的安定性」との間に生じる矛盾し得る利益の調和のための制度であると説明されます（真実を発見し有罪・無罪の判決を修正することは「法的安定性」を損ない、「法的安定性」を過度に重視することは真実に基づく有罪・無罪の判決の修正を困難にするという関係にあるからです）。

(2) 再審開始の要件

　先ほど述べたように、ドイツの再審制度は、大正刑訴法における再審制度のモデルとされ、現行刑訴法の再審制度にもかなりの部分が引き継がれています[2]。そのため、再審開始要件なども一定程度類似しています。例えば、利益再審の要件を定めるドイツ刑訴法359条と、日本の再審開始要件を定める刑訴法435条は、その構造や内容などかなり類似しています。

---

[2]　この歴史的経緯については、小田中聰樹＝大出良知「再審法制の沿革と問題状況」鴨良弼編『刑事再審の研究』（成文堂、1980年）65頁以下。

(3) ドイツ再審手続の構造

　ドイツの再審制度は、3段階の手続で構成されています。形式的には日本の再審制度と異なりますが、その実質はかなり似ています。

　まず、第1段階の「適法性審査手続」です (ドイツ刑訴法368条)。これは、なされた再審請求が法の定める形式や要件を守っているか、さらに再審請求の論理性を審査するものです。

　第2段階は、「理由審査手続」です。この手続は、再審請求で示された主張が十分証明されているかどうかという、再審請求の内容に関する審査です。

　第3段階は、再審開始決定後の「再審公判手続」です。裁判をやり直す手続といえます。

(4) 適法性審査手続と理由審査手続

　では、日本の再審請求手続にあたる、ドイツの適法性審査と理由審査について、最も重要とされる再審開始要件であるドイツ刑訴法359条5号を踏まえて確認しましょう。この再審開始要件は、日本の刑訴法でも最も重要とされている435条6号の要件に当たるものです。その条文は、以下の通りです。

　新たな事実又は証拠が提出され、それのみで、又は既に取り調べられた証拠と併せて、被告人の無罪、軽い刑罰法規の適用による軽い科刑又は改善保安処分に関して実質的に異なった裁判を理由づける見込みが十分であるとき (ドイツ刑訴法359条5号より)

　日本の刑訴法435条6号要件である無罪を言い渡すべき「明らかな証拠をあらたに発見したとき」との関係で、ドイツ法の特徴を確認しておきましょう。日本法における、無罪を言い渡すべき「明らかな証拠」(明白性要件) の判断の内容は、実質的には請求人は有罪か無罪かという判断であるという指摘があります。つまり、再審請求の段階で、その後の再審公判で行われるべき有罪・無罪判断の先取りを行っているということもできるわけです (そのため、再審が開始された場合、ほとんどの事件で無罪判決が下されているともいえます)。

　これに対し、ドイツ法では、359条5号の要件に該当するか否かは、適法性審査と理由審査という二段階の手続で判断されます。まず、適法性審査では、上述のように再審請求の形式や論理性に関する審査が行われます。このドイ

66　第2部　外国の制度から学ぶ

ツ刑訴法359条5号に関する論理性の審査は、事実認定を行う裁判所の立場から再審請求で提出された新証拠を考慮した場合に確定判決が異なったものとなるか否か（事実的観点からの有罪判決の正確性に対する「真摯な疑い」が生じるか否か）を内容とするものとされています。ここでは証拠調べや具体的な証拠評価は行われず、あくまで新証拠も考慮した確定判決の論理性が審査されることになります。この適法性審査手続においては、同審査をクリアする程度の説明と立証を行う義務が再審請求人側に課せられ、裁判所はあくまで受動的立場にあり手続を主宰する立場にありません。その意味では、この適法性審査手続は、裁判所の主宰する職権主義構造ではなく、再審請求人の主張・立証のみを前提とする弾劾主義構造であるともされます。他方で、ドイツでは、この説明・立証義務のレベルが高くなりすぎているのではないかという批判も存在します。

この審査をクリアすると、理由審査が行われます。その審査内容としては、確定判決が利益変更される蓋然性（無罪方向に確定判決が変更される蓋然性）判断であるとされます。より具体的には利益変更の可能性が50%を超えていれば再審開始決定を行うべきとの内容であるとする理解が判例・通説になっています。この判断は、有罪か無罪かという実体的な判断ではなく、確定判決は変更されるかという予測判断を内容とするものです。後の再審公判で無罪判決が下される可能性が50%以上あるだろうかという予測判断なので、有罪・無罪の判断に関する事実認定ではないとされるのです。それゆえ、この予測判断には、事実認定に関する原則である「疑わしきは被告人の利益に」原則の適用はないとされます[3]。

なぜ、再審請求段階では有罪・無罪の判断に関する事実認定を行うことはできないのでしょうか。それは、再審公判と異なり、再審請求審は公開されていないし、直接・口頭主義という事実認定を行う場に関する大原則が適用されていないからです。このような再審請求審において有罪・無罪に関する事実認定を行うことは妥当ではないとされるのです。それゆえ、再審請求審においては予測判断を行うにとどまり、有罪・無罪の判断は、公開された直接・口頭主義が適用される再審公判でのみ行われるべきということになります。

---

[3]　この点を検討するものとして、前掲注1の文献など。

再審請求審における証拠開示——ドイツ法の視点から　　67

もっとも、再審開始要件が新たな事実や証拠の提出を認めていることからもわかるように、理由審査手続で裁判所が証拠を一切見ないわけではありません。再審請求審の裁判所は、理由審査手続において、理由審査（予測判断）に必要な限りで事実調べを行うことができます（ドイツ刑訴法369条）。その際に重要となるのが、いわゆる「職権探知主義」（職権主義）の適用です。ドイツ刑訴法244条2項は、「裁判所は、真実を発見するため、職権で、裁判をするのに意義を有するすべての事実及び証拠について、証拠調べを及ぼさなければならない」とします。再審請求を受けた裁判所は、その事案の真相解明する義務を背景に、判断にとって意義を有するすべての事実や証拠を調べる義務を有するとされているのです。繰り返しになりますが、この証拠調べは、再審請求理由を審査するための「仮」のものにすぎず、再審公判における証拠調べの先取りは許されないとされています。このように理由審査手続では、職権主義が妥当するため、裁判所は事案の真相を解明する義務に基づき活動することが予定されています。

　他方で、検察官の関与の仕方はどうなっているのでしょうか。かつては、再審請求人やその弁護人による証拠収集や事案の真相解明には限界があることなどを理由に、検察官にも請求人に有利な証拠を収集する義務を明文で認める立法提案が示されたこともありました（1974年改正案）。しかし、この立法提案は否決され、現在の通説は、再審請求手続における検察官の請求人に有利な事情も捜査する義務はないと理解しています（なお、捜査段階では、検察官は、被疑者・被告人に不利な事情だけでなく有利な事情も捜査すべき義務を有します（ドイツ刑訴法160条））。このような見解が支配的なのは、裁判所が、事案の真相を解明する義務を有し、請求人に有利な事情や証拠を確保する義務を有すること、再審請求審における検察官の地位が補助的な立場にあることを背景としているのでしょう。

　これに加えて、重要と思われるのが、再審開始決定に対する検察官の不服申立権が廃止されていることです（ドイツ刑訴法372条但書）[4]。この規定は、

---

[4]　ドイツ刑訴法372条「再審の請求に関して第1審の裁判所がした決定に対しては、即時抗告をすることができる。ただし、手続を再開して公判を新たに行うことを命ずる決定に対しては、検察官は、抗告することができない」。

ドイツ再審手続の構図と特徴

手続	内容	特徴
①適法性審査手続	・再審請求審の形式や要件、論理性の審査 ・359条5号との関係では、有罪判決の正確性に対する「真摯な疑い」の有無	請求人の主張・立証を前提とする弾劾主義的構造（職権探知主義の適用なし）
②理由審査手続	・再審請求の理由が証明されているか否かの審査 ・359条5号との関係では、確定判決が利益変更される蓋然性	裁判所の職権探知主義に基づく職権主義構造
③再審公判手続	再審開始が認められた事件についての裁判のやり直し	

1964年刑訴法改正で盛り込まれたものです。その理由としてあげられるのは、無罪判決の可能性が50％を超えるということは、その有罪判決を修正する必要性に比べ、確定判決の存在価値がより低くなっていることを意味すること、有罪判決を再度検討する必要性の方が高いと判断された場合、当該事件を再度検討することが保障されなければならないことを意味することなどがあげられます。これも再審開始要件を無罪判決の予測判断であるとすることの1つの帰結であるともいえるでしょう（ある予測判断が誤っているというためには、別の予測判断を繰り返すだけでは不十分だからです）。以上を踏まえたドイツ再審手続の構図などを上に図示しておきます。

⑸　**再審請求手続における弁護人選任権**

　日本と比較したドイツ再審制度の特徴は、再審請求手続における弁護人選任制度にも見られます。

　まず、再審請求後に、再審手続における裁判について管轄を有する裁判所は、弁護人のついていない有罪判決を受けた者について、「事実関係又は法律問題が複雑なため弁護人の協力を要すると思われるとき」、国選弁護人を任命することができるとされます（ドイツ刑訴法364条a）。

　この再審請求人に対する国選弁護人制度に加えて、再審請求準備のための国選弁護制度も存在します。①「一定の調査をすれば再審請求の許容性を理由づけることのできる事実又は証拠方法が得られるという十分な事実的根拠があり」、②「事実関係又は法律問題が複雑なため、弁護人の協力が必要と思われ」、③「有罪の言い渡しを受けた者が自己及びその家族の生計費にこと

欠くことなしには自己の費用で弁護人を依頼することができないとき」には、再審手続における裁判について管轄を有する裁判所は、弁護人のついていない有罪判決を受けた者について、国選弁護人の選任が可能であるとされています（ドイツ刑訴法364条b）。

　これらの規定は、1974年改正で新設されたもの[5]ですが、再審請求手続へのより充実した弁護人の関与を保障しようとしたものといえるでしょう。

3. ドイツ記録閲覧制度と再審請求審との関係

(1)　記録閲覧制度概観

　次に、再審請求手続を離れて、日本の証拠開示にあたるドイツの記録閲覧制度について簡単に見ておきます[6]。

　通常審において、ドイツ刑訴法147条は、（被疑者・被告人自身ではなく）弁護人の記録閲覧権を保障しています（同1項）。これに加えて、1999年改正で、限定的ではありますが、弁護人のついていない被疑者・被告人本人の閲覧権も保障されています。

　この記録閲覧権の法的根拠の1つは、日本でいう「裁判を受ける権利」（日本国憲法31条、37条）にあたる「法的聴聞請求権」（ドイツ基本法103条1項）と呼ばれるものです[7]。そしてもう1つは、ヨーロッパ人権条約6条の「公正な手続を受ける権利」もあげられます[8]。

　これらの法的根拠が求めるものの共通点は、被疑者・被告人を刑事手続やその決定の「客体」としてはならないこと、つまりその「主体性」を保障しなければなければならないことです。確かに、刑事手続における「主体性」とは何か

---

*5　その立法経緯と位置づけについては、大出・前掲注1論文「（4）（5・完）」法律時報49巻8号108頁以下、49巻11号112頁など。

*6　ドイツの記録閲覧制度については、斎藤司『公正な刑事手続と証拠開示請求権』（法律文化社、2015年）参照。

*7　ドイツ基本法103条1項「何人も、裁判所において、法的聴聞を請求する権利を有する」。

*8　ヨーロッパ人権条約6条1項「すべての者は、その……刑事上の罪の決定のため、法律で設置された、独立の、かつ、公平な裁判所による妥当な期間内に公正な公開審理を受ける権利を有する。……」。同2項「刑事上の罪に問われているすべての者は、法律に基づいて有罪とされるまでは、無罪と推定される」。同3項「刑事上の罪に問われているすべての者は、少なくとも次の権利を有する。……」。

ということ自体、本格的な研究が必要な難しいテーマです。もっとも、記録閲覧制度との関係でいわれる、刑事手続における「主体」とは、刑事手続の過程や結果に影響を与えうる立場であるとされています（もちろん、法的主体性としては、それ以外の意味も様々考えられるところです）。刑事手続において裁判所や検察、そして警察といった国家機関の判断などに影響を与え、刑事手続の過程や結果に影響を与えるという法的主体性が保障される前提として、刑事手続における記録閲覧制度が必要であるとされているのです。つまり、刑事手続に関する記録を閲覧することにより、当該手続の過程や結果といった状況を知ることが可能となり、実効的な意見表明を行う権利（これにより手続の過程や結果に影響が及ぼされる）を行使することができるとされているのです。

　ドイツでは、検察官が捜査手続の「主宰者」として、被疑者・被告人に有利・不利を問わず証拠を収集します。その意味では、検察官は捜査段階での証拠収集を一手に引き受けるわけです。公正な刑事手続を行うためには、この検察官が独占している証拠、その過程である捜査手続の記録を、被告人側と共有することが必要です。そのため、公判審理が開始される前に、証拠や記録が全面的に閲覧可能とされているわけです。

　さて、ドイツ刑訴法147条では、捜査段階における記録閲覧については、一定程度制限が可能とされています。「捜査目的を妨害する場合には，検察官は閲覧を拒否できる」という規定になっています。もっとも，それ以降（捜査終結以降）の記録閲覧について制限事由はありません。捜査段階では一定の制限を受けるものの、捜査終結から再審請求段階までは制限なく記録閲覧権が保障されているという制度になっています。

　しかし、ドイツにおいても、刑事手続に関するすべての証拠や記録が閲覧対象とされているわけではない点には注意が必要です。閲覧対象は，公訴提起の際に裁判所に提出される記録や証拠とされます。ドイツでは、日本と違って，起訴状とともにすべての一件記録が裁判所に提出されますので，それらをまず見ることができるわけです。捜査段階では、「提出されるであろう」証拠や記録も見ることができる、という制度になっています。このような制度になっているため、検察官が一件記録に含めるべきではないと判断した記録や証拠は閲覧できない可能性が出てきます。

　問題となるのは捜査過程の記録です。捜査の過程や結果などについては、

すべて記録の作成が義務づけられると考えているのが、ドイツの通説・実務です。他方で、ドイツでは具体的根拠に基づく閲覧制限が認められています。捜査妨害の防止など、真実発見のためには記録閲覧を制限しなければならない場合があるとされているわけです。これが、先に述べた捜査段階における記録閲覧を制限する根拠です。これに加え、秘密捜査を行った捜査官やその親族の生命や身体、さらには国家の安全が脅かされる場合には当該記録を一件記録に含めなくてもよいとされています。その結果、これらの記録などについては閲覧ができないことになります。

　これに加えて、「証跡記録」も重要となります。証跡記録とは、当該事件とは関連するけれども、被疑者・被告人とは関連しない記録とされます。例えば、被疑者が捜査対象として絞られるための捜査に関する記録、事件に関する通報記録や捜査対象となった多数の自動車のナンバーなどは、当該事件に対する捜査ではあるけれども、当該被疑者・被告人本人を対象としたものではないものも含まれます。これらの証跡記録は、被告人に有利・不利を問わず捜査をする義務を有する検察官が、真実発見のために重要と判断した場合には、一件記録に含められます。そのため、証跡記録もその閲覧が制限されうることになります。

　もっとも、公判審理の段階で、裁判所が事案の解明に必要であると判断すると、当該証拠や記録を公判審理に提出するよう命じる制度も用意されています。職権探知主義を前提とした裁判所の「義務」が非常に強調されているといえます。

(2)　再審請求段階の記録閲覧

　以上のような通常手続での記録閲覧制度は、再審請求段階ではどのように用いられるのでしょうか。結論からいうと、記録閲覧制度を支える基本理念は共通して妥当し、捜査終結後と同様に捜査・審問目的の妨害を理由に閲覧拒否することはできないとされています（それゆえ、ドイツ刑訴法147条を根拠に記録閲覧制度が認められます）。もっとも、確定判決後は、一件記録は検察官が保管することになります（捜査段階では検察官、捜査終結後から判決の確定までは裁判所が一件記録を保管します）。

　そうすると、1つの疑問が出てきます。通常審と同じ基本理念や条文を基にした記録閲覧制度が妥当するということになると、通常審と再審請求審におけ

72　第2部　外国の制度から学ぶ

る記録閲覧の範囲は同じとなるから、再審請求段階での記録閲覧問題は生じないのではないか、という疑問です。

確かに、ドイツでは再審請求審における記録閲覧のあり方についてそれほど議論があるわけではありません。しかし、同じ基本理念と条文を基に、通常審以上に広い閲覧範囲が再審請求審では認められるべきとされていることは、注目されるところです。なぜ、通常審以上に広い閲覧範囲が認められるべきなのでしょうか。再審請求審においては、例えば通常審において閲覧対象から外される可能性のある証跡記録も閲覧対象となるとされます。ドイツの上告審裁判所であるドイツ連邦通常裁判所 (BGH) は、通常審において証跡記録が閲覧対象にならない理由として、公的・私的情報が不必要に公開される危険性や、あまりに多くの情報が公判審理にもたらされる結果公判審理が混乱することなどをあげています。そして、このような危険性や弊害は再審請求段階では妥当しないことに加え、上記の基本理念に加えて再審請求準備のためなど記録閲覧の必要性も存在することから、再審請求審における記録閲覧の範囲は拡大されるべきというのが、ドイツの判例や通説の考え方です。

4. ドイツ再審制度における記録閲覧のあり方の特徴

以上のように、ドイツの再審制度と記録閲覧制度の基本理念と内容を概観してきました。ドイツ刑訴法359条5号を前提とすれば、ドイツの再審請求手続は、再審請求人側による新証拠を提示するなどの再審請求を前提に、裁判所が適法性審査・理由審査を行うという制度となっています。その意味では、再審請求人側による請求や主張内容が、再審請求審のスタートラインでありコアとして位置づけられているわけです。適法性審査やその準備段階から記録閲覧権が保障されていることは、このことをより明確に示しています。この再審請求を充実したものにするために、(国選も含む) 弁護人依頼権やより広い記録閲覧権が保障されているのです。そして、その特徴としては、いくつか指摘することができると思います。

第1に、ドイツの再審請求審は、「有罪・無罪に関する事実認定を行う場」ではなく、「再審公判において無罪判決の下される蓋然性の予測判断の場」であることが前提とされていることです。

第2に、ドイツでは、再審請求審（理由審査手続）だけでなく通常審も職権主義構造をとっていることです。

　第3に、「職権主義構造」とは、裁判所の裁量中心主義・裁量依存主義を意味するものではなく、裁判所の権限だけでなく、真実発見や人権保障に関する裁判所の責務も意味することです。「職権主義」というと、日本では裁判所の権限の大きさなどを強調する「裁判所万能主義」と捉えられがちであることと比較しても重要な特徴といえます。

　第4に、ドイツでは、検察官の再審請求審（理由審査手続）への関与は消極的に解されていることです。その理由としては、職権主義構造を前提に裁判所に真相解明義務が課せされていること、再審請求を証明する責務は請求人にあること、さらに通常審で客観義務や捜査義務は基本的に果たされていることもあげられます。

　そして、第5に、再審請求審における請求人側の権利や再審請求審における手続的保障は、職権主義構造とは別の根拠から説明されていることです。その根拠は、先ほど述べたように、基本法やヨーロッパ人権条約を根拠とする基本権とされています。このように、ドイツは、訴訟構造とは別の論拠から、弁護人依頼権や記録閲覧制度を導いているといえます。職権主義構造が妥当しないとされる適法性審査手続の段階ならこれらの手続保障がなされていることは、このことをより明確にしているといえるでしょう。これに加えて、ドイツでは通常審において閲覧範囲を制限する根拠が再審請求審では妥当しないことを理由として閲覧範囲を拡大していることも重要と思われます。

5. ドイツ再審制度の基本理念と制度から得られる示唆

　以上の内容から得られる示唆をまとめたいと思います。

　第1に、訴訟構造と権利・手続保障のあり方との関係です。先ほど見たように、ドイツの再審請求手続全体が職権主義構造をとっているわけでもありませんし、職権主義構造と再審請求人の権利保障や手続保障との間に、常に直接の論理関係が存在しているわけではありません。もちろん関係する場合もありますが、弁護人依頼権や記録閲覧権は訴訟構造に全体的に依存しているわけではないことは明らかです。ドイツでは訴訟構造以上にさらに重要な憲法規範

74　第2部　外国の制度から学ぶ

などから請求人の主体性保障が導かれ、そのために記録閲覧権が必要だとされていることは非常に重要だと思います。

これに対し、日本では、再審請求審は職権主義構造であるから、通常審の（再審請求審とは異なる）当事者主義と前提とした証拠開示制度（公判前整理手続における証拠開示）は妥当しないという意見が有力に主張されています。しかし、ドイツの基本理念などが示すように、当事者主義を前提とする論理が妥当しないことが、直ちに再審請求審における証拠開示の否定につながるわけではありません。再審請求人の主体性の保障という根拠、さらには通常審における証拠開示を限定する論理が妥当するか否かといった観点から、証拠開示制度は必要ということは十分可能です。そのうえで問題は、再審請求審の性質や特徴を踏まえて、証拠開示の範囲をどのように設定すべきか、ということになるでしょう[*9]。

第2に、ドイツでは、再審請求審の判断基準を予測判断型としながら充実した権利・手続保障がなされていることです。このことは、日本の議論状況と比較すると重要な意味を有します。日本では、再審請求審の435条6項の明白性判断が「通常審と同様の有罪・無罪に関する事実認定」（「重い」再審請求手続）となってしまっていることを前提として、これに相応しい手続保障が必要であるとする見解が有力です。そのため通常審と同じような証拠開示などが必要であるということになるわけです。これに対し、ドイツの立法や運用は、予測判断型の再審請求手続（「ライトな」再審請求手続）においても、十分な手続保障を行うことが可能であることを示唆するものです。誤判や刑罰権の有無、そして判決の確定力が関わる重要な問題であることなどを理由として、再審手続については、請求人の主体性保障やこれに相応しい手続保障を認めることは可能ということになるわけです。

第3に、職権主義構造においては、裁判所の裁量を全面的に認めることを意味するものではなく、裁判所は職権探知義務やその他の責務に拘束され、さらに憲法規範である被告人の主体性保障などにも拘束されることです。このことを示す例として、ドイツにおける通常審段階での証拠調べ請求権をあげるこ

---

*9　その詳細については、斎藤司「再審請求審における証拠開示」犯罪と刑罰25号（2016年）1頁以下など参照。

とができます。ドイツでは、被告人側が通常審で証拠調べ請求をすると、法定の例外事由がない限り、裁判所はすべて証拠調べをしなければなりません（ドイツ刑訴法244条3項）[*10]。まさに、被告人の主体性保障という観点から、裁判所の権限や裁量が限定される例であるといえるでしょう。職権主義構造をとっていることが、直ちに請求人側の主体的関与を否定するものではなく、また裁判所の独断による判断が許容されるわけではないのです。

6. まとめ

　日本では、再審請求審の構造について、請求人を関与させるべきだという要求は、いわゆる事実認定型の「重い」再審請求手続と結びつけられることが多かったように思われます。他方で、予測判断型の「ライトな」再審請求手続は、請求人の関与の消極的理解と結び付けられていたように思われます。しかし、このような論理関係が成り立つかは疑問であり、予測判断型をとる場合にも、請求人の実効的な関与は十分に認められるべきということも十分可能です。

　次に、証拠開示との関係では、日本のように職権主義構造の再審請求審を採用する場合でも、直ちに証拠開示を否定することは困難であることが確認できました。「職権主義だから証拠開示は否定されるべき」という誤った硬直的な論理は妥当とはいえません。職権主義構造も踏まえつつ、憲法規範や政策的根拠（たとえば、証拠開示のみを目的とする濫用的な再審請求の防止など）から、妥当な開示制度（開示範囲や要件など）が検討されるべきです。確かに、日本はドイツとは異なる状況にあります。ドイツが通常審と再審請求審（理由審査手続）について職権主義構造をとっているのに対し、日本は当事者主義の通常審と職権主義の再審請求審を採用しているからです。このことを前提として、再審請求審における開示を支える論理や開示を制限する論理を踏まえ、再審請求審における証拠開示の範囲や要件を検討すべきではないでしょうか。その結果、再審請求審において現在の公判前整理手続における証拠開示と同様の要件や手続を採用することはもとより、さらに広範な証拠開示制度を採用することも十分可能であると考えます。

---

*10 この点に関する研究として、田淵浩二『証拠調べ請求権』（成文堂、2004年）など。

証拠は誰のものか?
英米法の視点から

指宿 信

1. はじめに——問題への視座

本稿では、再審請求に関わって諸外国で実施されている、捜査機関・訴追機関が収集した証拠へのアクセスあるいは証拠開示の制度について、特に英米法圏の国々の実情を紹介します。

そうした確定審未提出証拠群へのアクセスについては、概ね次のような分類が可能です。

まず、再審の請求人側からの「アクセス権」を正面から承認するか、あるいは、再審請求の審査機関の「調査権」の一環として捜査訴追機関が保有する情報・証拠を精査するという制度か、といった建て付けの違いが存在します。

そして、前者の「アクセス」型の場合、さらに進んで、再審請求人に「権利」保障するのか、それとも法執行サイドに開示・告知を「義務」づけるのか、という違いが存在します。また、後者の「調査」型の場合には、これが独立した機関によって実施されるのか、あるいは行政内部の監査等の一種として実施されるのか、という違いが存在します。いずれに関しても立法的措置を必要としているのが通例です。

こうした違いを図示すると右の図1のようになりましょう。

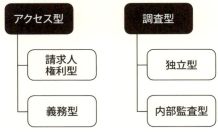

図1　未提出証拠の開示をめぐる法制度の分類

2. 再審請求側による情報収集の方法

(1) 情報公開請求

　まず、再審請求人側による証拠へのアクセス法として米国等において広く用いられているのは、「情報公開請求制度」です。

　米国では、連邦に情報自由法（Freedom of Information Act (FOIA)）が定められているのを筆頭に、各州にも同種の法律が制定されています。例えば、サウスカロライナ州情報自由法（S.C. Code Ann. SS 30-4-10 (2003)）には同法の目的について「情報自由法は公衆に、政府の特定の活動に相当のアクセスを保障するよう設計された」とうたわれており、「いかなる者も、以下に定める場合を除いて、時と場所に関する相当なルールに従い公的機関の所有するいかなる公的記録をも精査し、複写する権利を有する」ことが保障されています。

　公開の対象となる"公的機関"には、州のあらゆる部局が入るので、州警察、検察庁、矯正保護局も含まれます。また、公開対象となる"公的記録"には、「公的機関によって準備され、所有され、使われ、そして保持、保存されている、有体か否かに関わらず、あらゆる書籍、書類、地図、写真、カード、テープ、音声記録、あるいは文書」が含まれるとされています。

　もっとも同法には多くの例外・除外事項が存在していて、情報の取得が困難となることも少なくありません。例えば、個人の税還付、医療記録、図書館利用記録といった記録は公開対象から除外されていますし、「捜査中の事案の法執行当局の記録や、個人の身元開示、政府部外に極秘の捜査手法の開示、個人情報の開示、通信傍受記録の開示がなされることで、捜査員の生命を危険に晒す場合」にも開示を留保することが認められています。そうした例外事由の適用は判例によれば、「例外は狭く解さなければならない」とされているものの[1]、実効性については懐疑的な見方も少なくありません[2]。

---

[1]　Burton v. York County Sheriff's Dep't, 594 S.E.2d 888 (S.C. Ct. App. 2004).

[2]　例えば、かつて検事として働き現在はオクラホマ州でイノセンス・プロジェクト（雪冤を支援するNPO）の代表を務めるMark Godsey氏は、先輩から「開示請求がきたら捜査中と答えろ」と教わっていた、と振り返る。請求側が捜査中という回答が実態を伴っているかどうかを確認するすべはないため、こうして簡単に開示請求が退けられる実態が暴露されている。Mark Godsey, BLIND JUSTICE: A Former Prosecutor Exposes the Psychology and Politics of Wrongful Convictions, (University of California Press, US, 2017).

(2) 第三者調査

次に、未提出証拠群を再審請求人に代わって調査する「第三者機関による調査」制度を有する諸管轄を紹介します。

(i) 刑事事件再審委員会

《英国》

最も著名な例は英国の刑事事件再審委員会（Criminal Case Review Committee: CCRC）でしょう[3]。1980年代に発覚した誤判事例を教訓として司法改革が実施され、その結果1995年に創設されたCCRCは、申し立てに基づいて誤判を調査する責務と権限を有しますが、調査に当たって証拠を取得する権限も有しています。CCRCの組織規程となるThe Criminal Appeal Act 1995の17条によれば、CCRCは、「相当と考えられる場合に」公的機関から文書を獲得する広い権限を持っています。私的団体が文書を所有する場合には強制することはできないので任意の提出によります。

もっとも、判例によると「将来の捜査の必要がある場合」には公的機関はCCRCからの提出依頼を拒否することができるとされており、この調査権限も万能というわけではありません[4]。また、近年ではCCRCの調査が不十分で救済基準が厳しく、その結果、救済される範囲が狭まっているといった批判も受けているところです[5]。

《米国》

英国のCCRCをモデルとして米国でも同種の制度が導入されました。ノースカロライナ州の無実調査委員会（the North Carolina Innocence Inquiry Commission: NCIIC）です。NCIICは独立行政法人であるCCRCとは異なり、特別裁判所といった位置付けになります。8人の審査委員会と3人の再審公判裁判官によって構成されています。同州でも誤判冤罪事件を契機として最高裁長官の呼びかけによって司法改革が進められ、その一環としてこの委員会が

---

[3] CCRCについて一般的には、福島至「イギリス刑事事件再審委員会の現状と課題」渡部保夫古稀『誤判救済と刑事司法の課題』（日本評論社、2000年）等を参照。

[4] R. v. Secretary of State for the Home Department, ex parte Hickey (no.2)[1995] 1 All E R 490.

[5] CCRCに対する批判については、Michael Naughton, Rethinking Miscarriage of Justice – Beyond the Tip of the Iceberg, (Palgrave Macmillan, UK, 2007)等参照。

証拠は誰のものか？──英米法の視点から　79

設置されました[6]。委員会には、証人喚問権、免責証言強制、法令で定められているあらゆる情報開示・提出命令・証拠開示請求権等の行使、そして収集した全証拠の開示義務並びに被害者告知義務があります。8人委員会の多数決により再審開始となります。この請求手続記録は公開されていてWeb上でも確認することができます[7]。

　委員会には裁判所や行政機関に法令で認められている情報アクセスのための諸権限が付与されていることから、これらを用いて調査を行い、未提出証拠の中から新証拠を発見することができるようになっています。同州無実調査委員会の規則5条「誤判申立の正式審査」H項には「証拠開示」が規定されており、「ノースカロライナ州におけるあらゆる証拠開示関連法令は、ノースカロライナ一般法令15巻1467条f項に定める当委員会の正式の手続きにおいて、すべての事案に遡及的に適用されるものとする[8]」と、幅広い権限が認められています。特に確定判決時に存在しなかった証拠開示ルールの遡及適用が認められている点は注目に値しましょう。最新の証拠開示ルールを用いることができるため、確定判決時に請求人（当時の被告人）に開示請求権がなかった証拠群へのアクセスも可能となっています。

《証拠開示による救済事例》

　マッタン事件は、殺人事件につき被告人が1952年に有罪判決を受け、その後、死刑が執行された事例です。刑事事件再審委員会に再審請求が申し立てられ、控訴院に付託が認められて無罪となった英国最初のケースです[9]。

　同事件では検察側は、確定審で被告人に有利な証拠を数々開示していませんでした。その重要なものは、①主要な目撃証人の一致しない供述、②複数

---

[6]　N.C. Gen. Stat. ss. 15A-1468. 拙稿「誤判に学ぶ国の司法、学ばない国の司法」世界851号（2014年）211頁。

[7]　例えば、第一号の無罪事件であるTaylor caseについては以下を参照〈http://innocencecommission-nc.gov/cases/state-v-taylor/〉。

[8]　同委員会の組織法においても、同種の規定がある。N.C.G.S. § 15A1467 (f) All State discovery and disclosure statutes in effect at the time of formal inquiry shall be enforceable as if the convicted person were currently being tried for the charge for which the convicted person is claiming innocence.

[9]　R. v. Mattan, (Unreported) C.A. Feb. 24, 1998〈http://www.ccrc.gov.uk/CCRC_Uploads/MATTAN_MAHMOUD_HUSSEIN_-_24_2_98.DOC〉.

面通し（目撃者に被疑者と犯人の同一性を識別させる際に、複数人の中に被疑者を置いてその中から選別させる方法）の際に被告人と犯人の同一性を識別できなかった4人の目撃証人の存在、③犯行後に単独面通し（目撃者に被疑者と犯人の同一性を識別させる際に、被疑者単独で目撃者に確認を求める方法）で同一性を識別できなかった一人の目撃証人の存在、そして④アリバイを裏付ける劇場で被告人を目撃した証人の存在、でした。

　1952年3月6日、カーディフの倉庫街の商店でリリー・ヴォルパートという女性が喉を真一文字に切られて死亡しているのが発見され、財布からおよそ100ポンドがなくなっていました。検察側の主要証拠は目撃供述で、一人はハロルド・カヴァーという男性でした。彼は犯行時刻、夜の8時15分頃に現場近くの倉庫の入り口から被告人が出てくるのを見たという証言をしました。もう一人はグレイ夫人という女性で、近くのお店で店番をしていたところ、犯行後45分後くらいに被告人が来店し、その際に80ポンドから100ポンドを所有しているのを見たというものでした。

　これに対して被告人は、午後7時半まで劇場におり、その後はまっすぐに帰宅したというアリバイを主張しました。また、被告人の自宅や所有物から血液反応は出ていませんでした。にもかかわらず被告人のマッタン氏は有罪評決を受け、上訴も棄却され、死刑が執行されました。

　その後、1969年5月に上記事件の証人だったカヴァーは、娘を殺そうとしたとして殺人未遂で有罪となり終身刑を言い渡されましたが、その事件で彼はカミソリの刃で娘の喉を切ろうとしていました。内務省は、このカヴァーに対する有罪判決を受けて1952年のヴォルパート殺害事件もカヴァーの仕業ではないかと考え、再審付託手続をおこないました。ところが、1970年2月、内務大臣は事件を再審に付する理由はないとしました。それから26年後の1996年10月、マッタン氏の遺族は、新たに創設された刑事事件再審委員会制度を使って再審請求を試みました。1997年に、事件は委員会から控訴院に再審審理付託されることとなりました。

　刑事事件再審委員会がまず着目したのは、カヴァーが事件の翌日に警察に対しておこなった供述です。これは明らかに陪審の前で彼がおこなった内容と異なっていましたが、公判当時、被告人側には開示されておらず弁護人もその存在を知りませんでした。カヴァーは、被告人に不利な証言をすることで捜査

証拠は誰のものか？──英米法の視点から　　81

機関から報酬を受け取っていたことも明らかになりました。また、事件のあった近くの商店で犯人である可能性の高い人物を目撃していた4人の証人が複数面通しの際に被告人を特定できなかったという事実についても、弁護側には知らされていませんでした。オサリバンという当時12歳であった少女が事件の夜に商店の近くで犯人である可能性の高い男性を目撃していました。彼女は犯行翌日行われた単独面通しで被告人について同一性を否定しましたが、この証言も弁護側に開示されていませんでした。

　1998年、控訴院は未提出証拠を基にマッタン氏に対する当時の陪審の有罪評決は危険である（unsafe）として有罪を破棄しました。その際、被告人側に対する証拠の開示は当時求められていたよりも今日ずっと広く義務付けられていることを強調しています。

(ⅱ)　**検察有罪調査部門**（例：米国諸州）

　米国におけるDNA型鑑定を中心とした雪冤支援のNPOであるイノセンス・プロジェクト[*10]は著名ですが、最近、雪冤を求める元被告人や受刑者の申し立てを調査するため検察庁の内部に調査部門（Conviction Integrity Units: CIU）を設ける動きが広がっています。

　この調査部門は2007年テキサス州ハリス郡で創設されたのを嚆矢として全米に広がっており、**図2**が示すように近年急速に増えていて2017年には全米で33の検察庁でこうしたセクションが設けられたと報じられています。

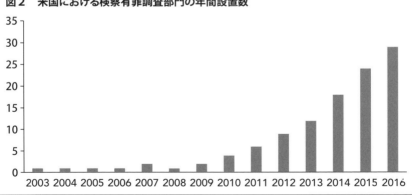

図2　米国における検察有罪調査部門の年間設置数

*10　同プロジェクトについては、ジム・ドワイヤーほか（西村邦雄訳・指宿信監修）『無実を探せ！イノセンス・プロジェクト』（現代人文社、2009年）を参照。

この調査部門は通常、弁護士、検察官、調査官によって構成され、検察庁によって支援されています。ただし事件に関与した検察官は除外されるのが通例です。制定法の根拠を持つ州も多い一方、イリノイ州のように運用上実施されているところもあります。

請求要件として多くの州では罪名による制限を設けており、例えばイリノイ州クック郡では重罪に限られています。一方、ミシガン州ウェイン郡のように全ての犯罪類型についての調査申し立てが可能となっているところもあります。また、多くの検察庁は、有罪答弁（英米法で多用されている裁判の方法で、被告人が有罪を認めている場合、公判を開かず権利の放棄を確認して刑を言い渡すやり方。米国の場合、90%以上の被告人はこの方法で有罪となっている）により終結した事件については除外しています。本人以外に家族、友人、弁護人の代理請求が認められる場合もあります。

こうした調査部門は当然ながら警察検察保有証拠へのアクセスが容易で、証拠開示法の規制にはほとんど制約を受けないため、迅速な未提出証拠群の調査が可能となっています。もっとも全米には2300もの検察庁が存在しており、量的に見ると調査部門を有する管轄は1割にも達していません。

(iii) 司法省再審審査（例：カナダ）

カナダの再審制度も英国にならって内務省の内部審査で実施されてきましたが、2002年に法律が改正され（刑法696.1条から696.6条の追加）、再審請求審査団（Criminal Case Review Group: CCRG）が新設されました。この制度の新設により、①救済基準が明確化され、②軽微犯罪まで救済範囲が拡張されました。同時に、③審査団による文書提出命令権並びに証人喚問権が創設され、④捜査権が強化され、⑤審査手続が標準化されるなどしました。具体的な捜査権の内容としては、(1)証人尋問、(2)科学鑑定の実施、(3)鑑定証人の依頼、(4)警察・検察・弁護士等への問い合わせ、(5)関連する個人情報や文書の獲得、が挙げられ、証拠開示は上記③並びに(5)に関するものとして認められています。

このように、申し立てを受けた審査機関等による調査権限の拡大は、イギリス、米国、カナダのいずれでも、真実の発見と無辜の救済という目的に裏打ちされており、未提出証拠群へのアクセスが雪冤には不可欠であるということを、これら海外の法制度から見て取ることができます。

(3) 証拠開示手続・証拠アクセス手続

(i) 有罪確定後の証拠開示

　再審請求人自らに証拠開示を請求する権利を保障し、開示証拠に基づく雪冤の機会を与えようというのが、有罪確定後の救済法の中で証拠開示制度を設ける法域です。例えば、2003年サウスカロライナ州有罪確定後救済法（Post-Conviction Relief Act: PCR）では、有罪判決を受けた者（拘禁の有無は問わない）は、死刑事件では自動的に証拠開示を受けることができ[*11]、それ以外の事件では裁判長の許可があれば可能とされています。また、証拠開示手続を円滑に進めるため、貧困者に対して弁護人が公的扶助により付されているのも特徴です。

　米国におけるPCRの歴史はイリノイ州を嚆矢としますが、ノースカロライナ州も2番目となる1951年に同法を制定し、1995年の法改正により死刑事件に限定した証拠開示手続が導入されています[*12]。同法は弁護人に全証拠の送付を保障しましたが、代わりに不十分な弁護を理由とする再審請求については、弁護人依頼人間特権（弁護人が依頼人と行ったコミュニケーション内容を秘匿する権利）の放棄を定めています。

　今日、サウスカロライナ州のPCRは基本的に民事訴訟の形態を取っています。すなわち、請求人は州の代理人である検事総長（Attorney General）を被告とする民事訴訟（civil action）を提起しなければならず、民事手続法が適用されています[*13]。もっとも、州最高裁によれば、PCR手続は実態的には「刑事事件に根ざしたものであり、重要な憲法上の保護と刑事法の概念が通常適用される」と言われており[*14]、ハイブリッドの様相を呈しています。

　このPCRの特徴の一つは申し立てに時期的制限があることで、原則1年とされています。例えば、州法によって争う手段（上訴上告）が潰えた後、合衆国

[*11] 死刑事件の再審請求に対して自動的な全面証拠開示を認めるその他の例として、ノースカロライナ州有罪確定後証拠開示法がある。例えば、伊藤和子『誤判を生まない裁判員制度への課題——アメリカ刑事司法改革からの提言』（現代人文社、2006年）46頁以下参照。

[*12] South Carolina Effective Death Penalty Act of 1996. H.R. 4469, 1995-1996 Leg., 111th Sess.

[*13] 同法の解説として例えば、John H. Blume & Emily C. Paavola, A Reintroduction: Survival Skills for Post-Conviction Practice in South Carolina, Charleston Law Review vol.4 p.223 (2010).

[*14] Sutton v. State, 606 S.E.2d 779, 781 (S.C. 2004) overruled on other grounds by Bray v. State, 620 S.E.2d 743 (S.C. 2005).

最高裁判所のヘビアス・コーパス（人身保護手続）まで使い切ったとき、合衆国最高裁の棄却決定日から1年以内に申し立てを行わなければならない、ということになっています。もっともこの時期的制限には緩和条項があり、従前に知られていなかった事実が判明したり、開示された証拠により有罪の破棄ないし量刑の破棄を求める場合には、これが延長されることとなっています。

　PCRにおける死刑事件を除く請求人に対する証拠開示の範囲は、裁判長の裁量に委ねられています[*15]。請求人は正式な証拠開示申し立てを行う必要があり、その際、開示を必要とするgood cause（正当な根拠）を示さなければならないことになっています。この場合における開示手続は民事における証拠開示手続が流用されます。

(ii)　保存証拠に対する鑑定請求（全米）

　イノセンス・プロジェクトによるDNA型鑑定を用いた雪冤支援運動の成果が著しいことはよく知られています。その数は年々増えており、この事実が、DNA型鑑定などの科学的証明方法を利用する際の試料へのアクセス権の保障の訴えに結びつきました。合衆国最高裁判所によって「有罪判決を受けた者にDNA型鑑定の保障を受ける憲法上の権利はない」と判断されたものの[*16]、米国全州でその機会を保障する法制度が整備されています。

　例えば、マサチューセッツ州証拠アクセス法（Post-Conviction Access to Forensic and Scientific Analysis Act, 2012）では、"evidence"という用語ではなく"items and biological materials"という用語が使用されており、様々な試料にアクセスしてDNA型鑑定などの科学的証明方法を利用する道が保障されています。他州ではDNA型鑑定目的に限定する例が多いのですが、同州の場合は目的に制限を加えていません。

　申し立ての要件としては、「鑑定が申立人の犯人同一性判断に関して重要な情報をもたらす蓋然性が示されていること」とされており、その蓋然性とは、「陪審に対して十分に納得させられる程度（sufficiently strong to go to the jury）」と解されています。州によっては死刑囚のみに申立て権を限定していたり一定

---

*15 S.C. Code Ann. §17-27-150(2003).

*16 Dist. Attorney's Office v. Osborne, 129 S. Ct. 2308 (2009). 詳細は、指宿信『証拠開示と公正な裁判〔増補版〕』（現代人文社、2014年）「第8章　証拠の保管・保存義務とアクセス権」、特に317頁以下を参照。

証拠は誰のものか？――英米法の視点から　　85

の服役期間を要件としたりしているところもありますが、同州ではそうした制限はありません。全米のうち20州があらゆる犯罪に申し立てを認めていて、17州は重罪のみに限っています。そうした州ごとの状況をマッピングしたのが**図3**です。

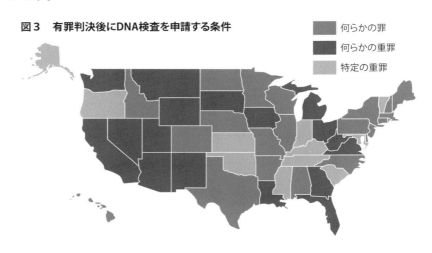

図3　有罪判決後にDNA検査を申請する条件

凡例：何らかの罪／何らかの重罪／特定の重罪

3. 有罪確定後における検察官の無罪方向証拠開示義務

　最後のカテゴリーとして、未提出証拠の顕出を検察官の倫理義務に基礎付けるアプローチも存在します。これは、アメリカ法曹協会（ABA）法曹倫理規程（Special Responsibilities of a Prosecutor）に置かれている検察官倫理のうち、証拠開示義務に関する規定である3.8条が2008年に改正された際に導入された新しい倫理的義務です。すなわち、検察官において無罪方向証拠の存在を知った場合に、開示並びに再審の申し立てが義務付けられるという同条g項およびh項の新設です。

アメリカ法曹協会　検察官倫理規程3.8条
　　g項　検察官が、ある被告人が有罪とされたある犯罪を犯していない<u>合理的な可能性</u>（reasonable likelihood）を示す新しい、信頼できる、重要な証

拠を知った場合、直ちにその証拠を適切な裁判所あるいは機関に開示しなければならず、また、もしその有罪判決が当該検察官の管轄で出されていた場合には、

ⅰ）　直ちに、裁判所が禁じない限り、その被告人に対して当該証拠を開示しなければならず、

ⅱ）　その被告人が、犯さなかった犯罪で有罪とされたのかどうかを判断するため、更なる調査をおこなうか、あるいは捜査が開始されるよう合理的な努力をしなければならない。

h項　検察官が、自己の管轄のある被告人が行っていない犯罪で有罪とされたことを示す明確で確実な (clear and convincing) 証拠について知った場合は、有罪判決に対する救済を求めなければならない。

　このABAの規定改訂を受けて最初に州の倫理規定において改訂を実施したのはアリゾナ州[*17]で、その後ノースカロライナ州[*18]とカリフォルニア州[*19]がこれに続きました。残念ながら、その他の州では今のところ改訂の動きはありません。

4. おわりに

　以上、大雑把ではありますが、再審請求における未提出証拠に関する、英米を中心とした海外法制の一端を紹介しました。それぞれの制度における開示例あるいはアクセス実例を合わせて紹介すれば、そうした制度の実効性がより詳細にお伝えできますが、紙幅の関係上、その点についてはまた別の機会におこないたいと思います。

　さて、我が国に目を転じてみると、2011年6月から行われた法制審議会・新時代の刑事司法制度特別部会においてもこのテーマに関連する議論が若干おこなわれていましたが、2014年7月に公表された最終とりまとめでは、そ

[*17] State Bar of Arizona, Rules of Professional Conduct, 3.10.
[*18] State Bar of North Carolina, Rules of Professional Conduct, 8.6.
[*19] State Bar of California, Rule of 5-110 Special Responsibilities of a Prosecutor.

の法整備について検討課題とされ先送りされてしまいました。

　部会の議事を振り返ると、消極論や懐疑論が委員から示されていたものの、そうした発言が本稿で紹介された各国の取り組みを踏まえたものであったとは到底思われません。とりわけ東京高裁判事の角田正紀委員による「再審請求審における証拠開示について何か一般的なルールを見出そうとしても、非常に困難な作業である」（第27回会議〔2014年6月12日〕）との発言は、比較法的に見て看過できない見解であると言わなければならないでしょう。

　本稿で紹介したとおり、世界各国では、雪冤を求める人々の訴えに基づいて、確定後であっても未提出証拠へのアクセスや証拠の開示手続について工夫を凝らしてきています。そのような熱意や意欲を欠いた人々が制度設計に携わることがこの国の悲劇であり、再審制度の将来展望を切り開く機会を失わせているのです。制度が存在しないことがこの国の問題なのではなく、制度を構築しようとする意思と熱意こそがこの国で問われているのです。

コラム・アジア隣国の再審はいま①
韓国における刑事再審
誤判救済へ向けた柔軟な対応

安部祥太

　韓国刑訴法の再審規定は、歴史的経緯もあり、日本とほとんど同じです。そのため、本ブックレットのテーマである「再審における証拠開示」についても、法整備が充分ではありません。それに加えて、韓国には、日本の白鳥決定[*1]にあたる判例がありませんので、「疑わしきは被告人の利益に」原則は適用されません。また、新旧証拠を全面的に再評価するのではなく、新証拠が直接に関連する限りで旧証拠について再評価する限定的再評価という手法が採られています。さらに、確定判決における事実認定の正当性が疑われるだけでは足りず、その判決を維持できないほどの高度の蓋然性が認められなければ、再審開始は認められません（大法院2009年7月16日判決）。韓国における刑訴法上の再審は、日本の白鳥決定以前の状態にあると言っても過言ではありません。

　他方で、韓国では、憲法裁判所法により、憲法違反を理由とする再審が認められています。また、民主化運動の弾圧と関連して、特別法によって個別事件の救済を図っています。5.18光州運動弾圧事件などが、その典型例です。加えて、民主化以前の「過去事」を調査・救済するための独立機関である過去事整理委員会や疑問死真相究明委員会などの活動が、再審無罪に繋がる例も多数あります。特別法と独立機関の両輪で、誤判究明・救済を推し進めているのです。

　韓国における刑訴法上の再審は、問題が山積しています。しかし、民主化以前の「過去事」を清算するという特有の事情を前に、民主化後は特別法や独立機関による柔軟な救済を行っています。韓国からは、過去の人権侵害に対して柔軟に対応する姿勢を見て取ることができます。憲法違反を理由とする再審も示唆的でしょう。韓国は、大胆な立法や司法判断が珍しくありません。過去事清算に続いて、証拠開示を含む刑訴法上の再審の大改革が行われれば、日本の刑訴法上の再審についても多くの示唆が得られるかもしれません。

〔付記〕詳しくは、安部祥太「刑事再審の比較法研究——大韓民国」九州再審弁護団連絡会出版委員会編『緊急提言!刑事再審法改正と国会の責任』（日本評論社、2017年）136頁以下をご覧ください。同稿及び本コラムは、青山学院大学判例研究所プロジェクト「刑事再審制度に関する日韓比較研究」の研究成果によるものです。

---

*1　最高裁が昭和50年5月20日に下した決定。再審請求における新証拠の明白性判断についても「疑わしいときは被告人の利益に」という刑事裁判の鉄則が適用される、と判示した。

コラム・アジア隣国の再審はいま②

台湾：再審請求目的の記録閲覧
位置付けへの第一歩

李 怡修

　台湾では、確定判決後の再審請求のための弁護士による記録閲覧について、刑事訴訟法等の法律レベルでの規定は存在せず、「検察機関弁護士閲覧要点」という行政規則に基づき行われてきました。今まで概ね問題なく一件記録は閲覧できています。ここにいう「一件記録」とは、捜査段階において収集された捜査資料と公判において蓄積されたすべての記録を指します。日本の刑事手続ならば、訴訟記録以外に、検察や警察の手元に残されるであろう捜査資料も、台湾では一件記録に含まれます。しかし、法律上の根拠や、確定判決後の記録閲覧の位置づけや閲覧拒否に対する救済手段については、十分に論じられることがなく、不明確なままでした。

　近年、確定判決後に、弁護士が当該事件の電磁的記録の閲覧を請求したところ、検察官に拒否された事件があり、そのうちの数件で弁護人は行政訴訟を起こしました。このときの主張の根拠は、電磁的記録も訴訟記録に含まれるため、台湾の公文書管理法である「档案法」に基づき、閲覧できるというものでした。今日までに、最高行政裁判所の判決も含め、5件の行政訴訟[*1]で電磁的記録の閲覧を認める判断が下されました。

　訴訟記録の閲覧の取扱いについては、刑事訴訟法及び公文書の閲覧、管理の取扱いに関する档案法、政府情報公開法等があります。判決は、捜査中および公判中の閲覧については、刑事訴訟法が適用されると判断した一方で、確定判決後であれば、档案法、政府情報公開法が適用されると判示しました。そして、档案法、政府情報公開法の立法目的から、政府情報は原則的に公開されることになります。制限要件も規定されていますが、その適用は例外的です。加えて、今回の閲覧請求理由である再審請求は正当な目的であり、このような請求理由を、元被告人の訴訟権と、記録媒体に含まれる被害者、第三者のプライバシー、閲覧する方法等とを比較衡量し、閲覧を認めるべきと判断しました。

　結論として、個別事案によって閲覧方法及び認める範囲は異なりますが、5件の行政訴訟とも、弁護士は記録を閲覧して情報を獲得できました。まだ議論は必要ですが、台湾における確定判決後の記録閲覧の法律上の根拠が初めて判示されたといえます。

---

*1　5件の行政訴訟とは、最高行政裁判所104年度（2015年）判字168号、106年度（2017年）判字250号（下級審台中高等行政裁判所105年度（2016年）訴字239号判決を維持）。台中高等行政裁判所107年度（2018年）訴字49号、台北高等行政裁判所106年度（2017年）訴字697号、及び台中高等行政裁判所105年度（2016年）訴字126号ですが、そのうち、検察庁において閲覧するという閲覧方法に限ったり、閲覧請求の一部のみ認めたりする判決もありますので、本文最後に述べたように、さらなる議論は必要です。

第3部

法制化へ向けて

パネルディスカッション

なぜ再審における証拠開示の法制化が必要なのか

【コーディネーター】
鴨志田祐美 弁護士、日弁連「再審における証拠開示に関する特別部会」部会長

【パネリスト】
周防正行 映画監督
水野智幸 法政大学大学院法務研究科教授、元裁判官
郷原信郎 弁護士、元検察官
戸舘圭之 弁護士、袴田事件弁護団

鴨志田祐美

周防正行

水野智幸

郷原信郎

戸舘圭之

1. はじめに——パネリストの自己紹介

鴨志田 今日のシンポジウムでは、ここまで実際に証拠開示を勝ち取るために各再審事件弁護団が行ってきた弁護実践についての報告と、比較法的な観点からの研究者報告がありました。

そこで、ここまでの報告をお聴きになった感想も踏まえながら、それぞれのパネリストの方々に自己紹介をしていただくところから、このパネルディスカッションを始めたいと思います。

水野 水野智幸と申します。どうぞよろしくお願いいたします。私は24年間裁判官をやっていまして、5年前からロースクールで教えています。

私自身の再審事件との関わりは、いわゆる著名事件は扱ったことがなく、た
ぶん刑事裁判官としては一般的な感覚だと思いますが、そういう面から、今日
はいろいろお話をさせていただきたいと思っております。

　今日、各弁護団のいろいろな事例をお聞きしまして、今の制度では、どうして
も個々の裁判体の裁判官の熱意なり見識なりが問われていることを改めて実
感しました。

　斎藤さん（斎藤司・龍谷大学教授）と指宿さん（指宿信・成城大学教授）から、ドイ
ツや英米のいろいろな話を聞いて、一番問題なのは、我が国の再審制度がそ
ういう状況であることを、たぶん裁判官はあまり問題だとは思っていないことで
す。実は、再審の審理をやるうえで規定がないということは裁判官自身が一番
困るはずで、裁判官がむしろ「何か規定をつくらなければいけない」という声を
上げなければいけないのではないかと思いますけれども、あまりそういう感じ
にはなっていないですし、ドイツの例とか英米の今はどうなっているのかにつ
いて裁判官同士が話をすることも、あまりそういう雰囲気はないのではないか
という気がします。

　そういうこと自体が問題だということを踏まえて、今日はいろいろディスカッ
ションをしていきたいと思いますので、どうぞよろしくお願いいたします。

郷原　郷原です。よろしくお願いします。

　私は、検察の在り方検討会議にも検察に批判的な検察OBの弁護士として
加わったのをはじめ、検察にはたいへん過激な批判を続けてきた立場ですが、
今回、鴨志田先生から、元検察官の立場で再審に関する証拠開示のシンポジ
ウムに出てほしいと言われて、どうしたものかと思いましたけれども、なかなか
断りづらかったので、こういうところに出てお話をすることになりました。

　しかし、考えてみますと、再審は、私の検事時代、主任検事としても決裁官と
しても全く関わっていません。今日はできるだけ検察の立場からお話をしようと
は思っておりますが、先ほどからいろいろお話を聞いていて、かなり旗色が悪
い状況になるのではないかと一層思った次第です。よろしくお願いいたします。

戸舘　弁護士の戸舘と申します。袴田事件弁護団の弁護団員として活動して
おります。今日のパネルの中では、たぶん私が一番無名といいますか一番若
輩者で、弁護士登録をして11年目になりますが、登録当初から袴田事件弁護
団で活動しております。もっといえば、私は静岡大学の出身です。袴田事件は

静岡県が事件の現場になっていますが、学生時代から弁護団の弁護士から教えを伺って、学生の分際でありながら支援活動などにも関わりながら法曹の道を目指しました。

袴田事件も証拠開示によって大きく動いた事件です。その間、検察や裁判所とかなり厳しいやりとりがありましたし、理論的な面でもいろいろなかたちで意見書を出したりしました。

私も弁護団で、証拠開示の、主として理論的な部分の意見などを若干起案したりもしましたので、今日はその観点からお話しできればと思います。よろしくお願いいたします。

周防　周防です。よろしくお願いします。

今日、この場でいろいろなお話を聞いてきて、誤判を正すためのシステムといいますか、ルートといいますか、裁判のやり直しについての法律がほとんど整備されていない中で、各弁護団がそれぞれに工夫して、向き合った裁判体との関係もあるでしょうが、いろいろなかたちで再審に向けて頑張っている姿、裁判の誤りを正すための具体的な努力、その闘い方を知ることができました。

また、ドイツや英米の再審に向けての手続を聞いていると、いろいろなかたちで誤りを正す道を考えていることがわかります。それを思うと、僕が十数年前に刑事司法というか刑事裁判の取材を始めてから見てきたなかで、当初感じた問題点、例えば証拠開示について、再審だけでなく、そもそもの裁判における証拠開示も含めて、日本はあまりにも手続が整備されていないというか、もっといいシステムを築くための努力があまりなされてこなかったのではないかと思わざるをえません。

新時代の刑事司法制度特別部会でご一緒した酒巻匡先生は「現行の公判前整理手続における証拠開示システムは世界に誇るべきもので、まともな弁護士がやればあるものは全部出る」と豪語されていましたが、果たして本当にそうなのでしょうか。その真偽の程はひとまず置くとしても、少なくとも公判前整理手続が始まる前の事件では、再審請求審を通して、あるものが全部出ていなかったことがこれからますます明らかになっていくと思いますので、きちんとした証拠開示が行われるよりよいシステムを構築すべきだと改めて思いました。

今日はよろしくお願いいたします。

2. 証拠開示の重要性

鴨志田　ここまでの報告をとおして、再審請求の段階で証拠開示が極めて重要だということは、私が言うまでもなく、皆さんに実感していただけたと思いますが、このパネルでもやはりそこから話を進めていきたいと思います。

　早速ですが、実務の最前線というところで戸舘さんにお伺いしますけれども、まず、袴田事件において証拠開示が再審開始決定に与えた影響を具体的にご紹介いただいてもよろしいでしょうか。

戸舘　袴田事件は、現在（注：2018年4月7日時点）、第2次再審請求で即時抗告審を迎えているわけですが[*1]、事件自体は1980年に最高裁で死刑判決が確定して、そこから第1次再審請求が争われ、最終的に最高裁で特別抗告が棄却されたのが2008年3月の出来事です。

　その間、一貫して弁護団はいろいろなかたちで主張や証拠を出してきましたし、当然、証拠開示についても求めてきましたが、1点も開示はされませんでした。その結果、2008年に特別抗告が棄却されてしまいました。私が弁護士登録をしたのは2007年ですが、ちょうど2008年は、ほかの再審事件も含めて全体的に「冬の時代」とか「逆流の時代」と言われていました。袴田事件に関しても言うべきことは既に第1次再審で言っているのだと感じていました。

　ほかの多くの再審弁護団の方々もそうだとは思いますが、なかなか手詰まりといいますか、これ以上何を出せば再審の扉が開くのかというところで、かなり停滞といいますか、そういう空気が漂ってきていました。そのような中、なんとかして再審開始決定を出させなければいけないということで、弁護団の取組みとしてまず出てきたのは、当然、新証拠をいろいろなかたちでつくり出すことと並行して、改めて証拠開示を求めようということになりました。2008年3月に特別抗告が棄却されて、4月にすぐ静岡地裁に対して第2次再審を申し立てましたが、その段階で検察官に対して、未開示の証拠について全部開示するように求めました。

　そのときの検察官の対応はかなり厳しいものでした。そもそも現行刑事訴訟

[*1]　2018年6月11日、即時抗告審の東京高裁は静岡地裁の再審開始決定を取り消し、再審請求を棄却するとの決定を下した。現在、最高裁に特別抗告審が係属中である。

法には再審において検察官の証拠開示を認める明文の根拠がない、法的根拠がない以上認められないなどと言われて、当初は、こちらが請求した検察官が保有する未開示証拠の開示を一切拒否する態度でありました。

　検察官は三者協議の場でも法的な根拠がないから開示しないということを明言してきましたので、それに対して弁護団から、検察官の主張は理論的にもおかしいのだという意見を何回かにわたって出しました。

　一つは、再審における証拠開示が実際に必要であることと、ほかの事件では証拠開示が認められている実例があること。古くは、弘前事件とか松山事件とか免田事件でも未開示の証拠が開示されていましたし、布川事件もそうでした。そのような実例があって、現にそれが再審開始に結びついていることを伝えたうえで、理論的にも刑訴法の解釈あるいは国際人権法の考え方からもいけるのだとか、今でも通用している通常審における裁判所の訴訟指揮権に基づく証拠開示の規定も再審に使えるのではないかとか、いろいろ主張し、検察官の見解に反論はしていたところですが、なかなか動きませんでした。

　そういったなかで、2010年ころだったと思いますが、当時の裁判長だった原田保孝さんが、弁護側の証拠開示請求に対して、「弁護人も『5点の衣類』の証拠が捏造だと言っているのだから、検察官も証拠を開示したらどうですか」とやんわりと口頭で言ったところ、それがきっかけとなって、結果的に都合583点の未開示証拠が静岡地裁の第2次再審請求の段階で出てきました。

　開示証拠の内容は、捜査報告書とか供述調書が多数ありましたし、写真がけっこう重要だったりしますが、写真とか写真のネガも出てきましたし、それから証拠物の関係では、袴田事件はズボンがはけたかどうか、サイズが極めて重要な争点でしたが、その寸法札が出てきたりというかたちで、幾つも出てきました。

　これが出てきたきっかけは、検察の不祥事とか、検察の在り方検討会議とか、いろいろな動きもありましたが、私が一番大きかったのではないかと思っているのは、当時裁判官だった門野博さんが当時発表された論文（門野博「証拠開示に関する最近の最高裁判例と今後の課題－デュープロセスの観点から」原田國男判事退官記念論文集『新しい時代の刑事裁判』〔判例タイムズ社、2010年〕159頁以下）の中で「再審においても、通常審における公判前整理手続で出てくるレベルの範囲では当然出してもいいのではないか」といった趣旨のことを書かれたことがかなり

影響したのではないかと思っております。そういうなかでドバドバッと出てきたということです。

　これが再審の中で具体的にどういう影響を与えたかというと、例えば5点の衣類の発見時の色の問題に関しては、結局、血染めの衣類が発見されて、それが1年以上味噌に漬かっていたものか、発見直前に捏造されたものかが争点でしたが、当時、弁護団側に開示されていた証拠には、味噌の色がはっきりしたものはありませんでした。それが、再審で開示された証拠は極めて鮮やかな色で、例えば、緑色ブリーフには極めて鮮やかな赤色がついている写真などが初めて開示されました。これを見ると、1年以上味噌に漬かったものとは到底考えられないものでした。まさに「浅漬け」であった決定的な証拠が写真として出てきているということです。これも静岡地裁の再審開始決定では「5点の衣類」の色に関する証拠の判断の中で新証拠として扱われて、「5点の衣類」捏造の根拠の一つとされています。

　それから、これは非常に許しがたいのですが、ズボンのサイズに関して、検察官は確定審においては、寸法札に書いてあった「B」という文字はサイズを表すB体だと言っていました。「B体であれば、少し太めの方が着るズボンのサイズなので、もともとのサイズはゆったりしていたから袴田さんは当時はこのズボンをはけたんですよ」と主張し、検察官は実際に論告などでも主張していました。

　これは「はけないズボン」として有名で、実際に確定控訴審の法廷では、袴田さんはこのズボンをはけなかったのですが、事件当時はそのズボンがはけたのだということを前提に、確定判決は袴田さんに死刑を言い渡しました。しかし、新たに開示された証拠で、ズボンの製造会社から実際の寸法札が開示されたところからわかりましたが、Bは色を表す記号だということが証拠上ばっちり書いてあったわけです。

　なのに、検察官は、自分たちはそういう証拠をもともともっていて、Bが色であることを知りながら、平然とBはサイズだ、B体だから肥満体なんだという嘘の主張をしていたわけです。Bはサイズではなく色だという証拠を隠したまま、論告では、事件当時はそのズボンをはけたのだという意見を言って裁判所をだましていたことも第2次再審請求で初めて明らかになりました。

　第1次再審で1981年から2008年までずうっと争ってきたなかでは一切開

パネルディスカッション・なぜ再審における証拠開示の法制化が必要なのか　　97

示されなかった証拠が第2次の段階で初めて出てきたということで、これは再審開始決定の中でも引用されています。

それから、袴田さんの自白調書について、勾留満期を迎える20日目ぎりぎり直前の9月6日に初めて自白がとられていますが、これまで弁護側は自白調書しか見てきませんでした。当然それまでの間も延々取調べを受けているので、「否認調書は当然あるはずだ」と散々主張してきましたが、それすら開示されずに第1次再審は終わってしまいました。しかし第2次再審の先ほど言った583点の証拠開示の中に、逮捕時の弁解録取書に始まって否認調書が何通も出てきています。

自白に関しては浜田寿美男先生（奈良女子大学名誉教授）に詳細な心理学鑑定をもらっていますが、今回開示された否認調書とあわせて分析することで、さらに自白の信用性評価に関しても影響が出たはずです。そういうものも何十年もたったあとに出てきているわけで、袴田事件においては証拠開示が再審開始決定に与えた影響は大きいのではないかと考えております。

3. 裁判官、検察官から見た「再審における証拠開示」

鴨志田 ありがとうございます。第1次のときは全然出てこなかったものが第2次になって583点も出てきたということですね。そこで、水野さんに、再審請求を審理する裁判官の立場から、再審における証拠開示をどのように考えられているのかお聞きしたいと思います。

水野 従来、公判前整理手続ができる前は、裁判官としてはまず、確定判決が揺らぐか揺らがないかを請求書等を読んで考えて、それが揺らぐ可能性があるときに初めて本気になるというか、そういう段階で初めて、弁護人の主張を受けて検察官に証拠開示を促すようなアクションをとることになったと思います。

そういうことで、確定判決の重みというか、裁判官ですから、自分たちがやった判決をそんなにみだりに変えるのはおかしいのではないかという感覚がやはりありますから、そのへんで証拠開示の運用がかなり限定的になされていたのではないかと思います。

ただその後、公判前整理手続ができて、その中で通常審について証拠開示がなされるようになりました。そのような制度ができる前の事件でいま再審が請

求されているものについても、仮に通常審時点で証拠開示制度があったとすれば、いろんな証拠が出てきただろうと考えられるわけです。それから、いろいろな証拠の開示をすればまたいろいろなことが出てくることも、裁判官としては公判前整理手続を経るなかでだんだん学習していった面もありますから、そういうこともあって、ここ10年15年の間は、証拠開示に対してかなり積極的な姿勢を見せる裁判所が増えてきたのではないかという感じはします。

鴨志田 裁判官の意識の中でも、証拠開示の必要性とか勧告の積極性はこの10年でだいぶ変わってきたということですね。

では、一方、検察官はどうでしょうか。通常審でどういう証拠を出していて、どのぐらいが手元に残っているのか、我々が非常に気になるところですけれども、あえて答えにくいであろう質問を郷原さんにお尋ねしたいと思います。

郷原 再審請求に対する検察官のスタンスは、基本的に裁判所の判断に委ねるということだと思います。検察官自身に開示を請求する規定がありませんし、先ほどの斎藤先生、指宿先生のお話のような海外との比較においても、日本の場合は、通常審が当事者主義構造で再審は職権主義という構造のもとで、基本的には裁判所の判断、新証拠に関連して裁判所が具体的に開示を求めてくれば、それに従うのが基本的なスタンスだと思います。

そのことと、一般的に検察官がどういう証拠の請求をしているのかとの関係ですが、これは私自身の経験を振り返ってみても、確かにベスト・エビデンスという考え方で、検察官が立証しようとする事項に関しては効率的・効果的に立証を行い、それ以外の点については積極的に証拠開示をしたり証拠請求をしたりしないのが一般的な検察官のスタンスだと思います。

公判前整理手続が導入されたことによって、弁護人の側から主張関連証拠として開示を求めることが認められましたから、それにはしっかり応じていると思いますけれども、もともと通常審でベスト・エビデンスという考え方で対応しているものですから、提出されなかった証拠が再審請求の段階で示されれば、弁護側からみると貴重な証拠となる可能性は確かに否定できないと思います。

4. 証拠開示に消極的な考え方はなぜ出てくるのか

鴨志田 そうすると、検察官が通常審で請求する証拠は、その立証に必要な

ベスト・エビデンスと言われる証拠に絞られるという実情があるわけですね。そういうなかで、現実問題として、確定した段階で無罪方向の証拠が残されている可能性は動かしがたいと郷原さんも考えられるということですね。

　そうだとすると、再審というやり直しの裁判を求めるなかで、証拠開示の必要性は誰の目にも明らかではないか、そのように誰もが思うのではないか、私などはこちらの立場ですからそう思いますが、現実には抵抗の嵐が吹いています。特に驚くのは、2016年の改正刑訴法の前提となった法制審の「新時代の刑事司法制度特別部会」の中での議論状況ですが、これについては直接体験をされた方がいらっしゃいますので、「直接主義」ということで（笑）、周防さんにぜひともこのときの状況を説明していただきたいと思います。

周防　当然、最初から会議の中で、再審における証拠開示も話し合うべきテーマとして認識されていました。ですから弁護士の委員の方からも、私のような一般有識者の委員からも、再審における証拠開示のなんらかのルールづくりは必要ではないかという意見が出ました。

　そのときに僕が驚いたのは、委員として出席されていた小川正持裁判官——東京電力女性社員殺害事件で再審開始の決定をした裁判官ですが——、彼がご自身の経験を通じて、公判前整理手続で証拠がこれだけ開示されるようになってきたなかで、再審においてもある程度なんらかのルールづくりをして、証拠開示がなされるように考えたほうがいいのではないかというような、裁判官の方なので穏やかな物言いでしたが、提案がなされました。まさか裁判官の方からそのようなご意見を伺えるとは思っていなかったので驚いたわけです。

　ただ、残念なことに、そのように積極的な発言をする方の数は少なかったし、法務省側から積極的な意見を言う人もなく、議論は深まりませんでした。

　深まらないなかで、小川裁判官から替わった角田正紀裁判官が突然、自分の前任者である小川委員から、再審請求審における証拠開示についてのルールづくりの話があったようだが、それは気持ちとしてはわかるが、再審は、個々それぞれの事件で証拠構造も違えば、事案の内容とか性質、請求の理由もいろいろと違っていて、統一的なルールをつくることは非常に難しい。現実問題として、個々の裁判体がそれぞれ努力して適正な証拠開示が行われていると思うので、この部会で何か提案を採用するとか、形にすることはできないと、要するに、裁判所としては再審における証拠開示のなんらかのルールづくりなど

は考えておりませんというような、まるで最後通告のように「打切りです」と言われたと私自身は受け止めましたが、かなりショックを受けました。

ただし、弁護士の方々も私も、再審請求審における証拠開示のルール作りは絶対に必要だと考えていましたので、附則（2016年改正刑訴法附則）に残すことはできましたが、具体的に進めることができなかったということについては慊恍たるものがありました。ただ、この附則があることで、こういったシンポジウムが開かれているのだとしたら、それだけでもよかったと今は思います。

鴨志田　今ご紹介いただいた法制審の生々しい議論は、周防さんのご著書である『それでもボクは会議で闘う』（岩波書店、2015年）でも言及されていますので、それもぜひ読んでいただきたいと思います。

私が驚いたのは、裁判官委員の中に、積極的な発言をされた方がいらっしゃったのに、その後任の方が「気持ちは分かるが現実には難しい」と言ってバシッとつぶしてしまったといういきさつがあったことなのですけれども、ここで元裁判官の水野さんにお尋ねするのも少し酷かなとは思いながら、どうして裁判官が再審の証拠開示に対して少し躊躇したり消極方向にいってしまうのかについて、何かお心当たりがあれば教えていただきたいと思います。

水野　証拠開示が深刻な問題となるような本格的な再審事件を担当することは裁判官個々人にとってはあまりないことなので、たまたまそういう事件にあたったときにどうしたらいいのかはかなり迷うというか、自信をもってやるだけの心構えがまだできない人が多いのではないかと思います。

それから、裁判官全体の問題点なのか特徴なのかはわかりませんけれども、裁判官は基本的に裁判とか手続をあまり議論しないというか、裁判官は判決というか裁判書きを出してすべてだと、ほかの人からのいろいろな批判はお互いにしないような暗黙の雰囲気があるのだと思います。

ですから、先ほどの例でいえば、裁判官が何か一つの方向に向かってやるというのではなく、それぞれが自分の考えを述べるだけでどんどん時が過ぎてしまっている、ということではないかという気がします。

鴨志田　裁判官は、手続についてはみんながそれぞれ自分の考えで、あまり擦り合わせることなくされているということですが、逆に検察官は、どの事件でも同じような意見書を出してくるような、組織的な抵抗のようなものを感じますが、郷原さん、このへんはどうでしょうか。

郷原 検察の再審に対する姿勢は、証拠開示に限らず、今まさに問題になっている大崎事件での特別抗告なども含めて、非常にかたくななものがあることは間違いないと思います。おそらく、検察官もそれは否定しないと思います。

では、なぜそうなるかですが、一つすぐに思い浮かぶのは、刑事司法の権威ということです。いったん確定判決で事実認定が行われたものをそう軽々にひっくり返してはならないということがまず思い浮かぶと思います。ただ、先ほどの斎藤先生、指宿先生のドイツや英米の話などもあわせて考えてみると、それはどこの国でも同じで、司法の権威は保たないといけない、でも、万が一にも誤った判決で人を処罰することからは救わないといけない、それは誰も否定できないと思います。

そうなると、なぜ、日本の検察がそこまでかたくなに再審についていろいろなことを拒否するのかといえば、私は以前からずっと言ってきたことで『検察の正義』(ちくま新書、2009年)という本の中でも詳しく書いていますが、日本の刑事司法の正義を検察が独占してきた構図、それがやはり一番大きいと思います。

検察が組織的な意思決定を経て起訴したとき、そこでその事実が認定されることが正義だという考え方、だから、その正義は、いってみれば検察は基本的に全知全能の神のように積極証拠・消極証拠をすべてきちんと適切に判断して決めているのだという前提に立っていますから、そういうことで検察が適切に判断をして起訴し、公判立証をして有罪判決が出たものを、あとから一つひとつほじくり出して、これは間違っているのではないか、あれは間違っているのではないかとやられることは、「検察の正義」の根幹を揺るがしかねない問題だという考え方が一番中心にあるのではないかと思います。

ですから、唯一許せる論理としては、新証拠が出てきた場合には、その新証拠は検察の通常審までの組織的意思決定の枠外ですから、その新証拠に関連して裁判所が証拠開示の必要があるといえば、その範囲では開示しましょう、ということになる、逆に言えば、裁判所に開示を求められない限り開示しないというのが検察の側からの証拠開示の理屈の背景にある考え方ではないかと思います。

鴨志田 「あちら側」の考えはなかなか聞く機会がないので、たいへん目からうろこが落ちました。要は、組織的に固めてしまったストーリーと組織的に固め

てしまった正義に使われた証拠構造を崩されることが耐えがたいという、組織的な考えがあるのだということですね。

　それを唯一崩せるとすれば、新証拠という当時想定しなかったものが外部から出てきた場合で、そのときにはそれをもとに、しかも、その新証拠の証明力を検討するために裁判所から促されれば証拠を出してもいいかなというようなお話でしたが、では、日本の今の実情は、私たち請求人側が簡単にそういう新証拠を携えて闘えるのかについて、ぜひ戸舘さんに再審弁護士人としてのご意見をお聞きしたいのですが、どうでしょうか。

戸舘　今の水野さんや郷原さんのお話を聞いて、なるほどと思いました。私自身の経験でも、袴田事件の再審請求が地裁から高裁に上がって、三者協議というかたちで定期的に裁判官や検察官と顔をつき合わせるわけです。そのときに本当に感じるのは、同じ人間でありながら、同じ日本語の話者でありながら、どうしてここまで言葉が通じないのだろうという徒労感です。

　とりわけ証拠開示の問題などを話すと検察官とはまともな議論にもなりませんし、全く話がかみ合わない。例えば、私などは、「馬鹿の一つ覚え」のように再審のそもそも論とか、無辜の不処罰とか、わりと平気で言ったりするタイプですが、そんなことを言っても暖簾に腕押しといいますか、鼻で笑うような、「おまえ何言ってんだよ、馬鹿」みたいな顔を検察官は平気でしてきます。

　「全面証拠開示！」などと言おうものなら、裁判官・検察官の双方に失笑されるような流れで、我々弁護人はいつも暖簾に腕押しというか、コミュニケーションが全く成り立たないなかで対峙しています。そのような経験からすると、裁判官は議論をしないタイプ、それから検察官もそういうかたちでかたくなな正義を標榜しているということであれば、今のお話もなるほどなと、そうなのかなと思います。

　ただ、そうはいってもなんとかしなければいけないなかで、新証拠を作らなければというのはありますが、なかなか難しい。実際、新証拠がパッと出てくる事件であれば、そもそも再審でそんな苦労はしていませんし、今日のご報告でも明らかなとおり、弁護団は本当に血のにじむような努力をしてなんとか新証拠をつくり出して確定判決を攻撃しているのが実情です。

　だからこそ私が最近考えているのは、愚直ですが、あえて建前を述べていくことだと思っています。現行再審制度はそもそも不利益再審を廃止し、利益再

パネルディスカッション・なぜ再審における証拠開示の法制化が必要なのか　　103

審しか認められていません。それはすなわち、誤って有罪判決を受けた人を救済するための手続だと。今の刑訴法を見れば、そういう制度になっていることは明らかですから、これは誰しも否定しようがないですし、最近も国会の答弁の中で上川陽子法務大臣も、当然ではありますが、その点について明言されていました。

なので、そこを突破口に、そうであれば、無辜の人が誤って有罪となってしまう状況はよくないと考えたときに検察官がもっている証拠はすべからく見せるべきであると、愚直ではありますが、そういうかたちで我々弁護人は……、検察官や裁判官から冷笑的態度をとられ続けると人間はだんだんひねくれたりゆがんだりしてしまいがちですが……、そこはあえて気持ちを奮い立たせて、馬鹿と言われようとも愚直に憲法と刑訴法を携えてお話をし続けるしかないのではないか、いつか暖簾がそれなりに手応えのある反応をしてくれるかもしれない、そういうかたちで今は考えております。

でも、現状はかなり厳しい状況です。

5. 通常審との関係で「再審と証拠開示」を考える

鴨志田　今、国会審議の話が出ましたが、実は4月4日に開催された衆議院の法務委員会で、共産党の藤野保史議員が上川法務大臣に対し、25分にわたって、大崎事件を一つの素材として再審法制のあり方に集中して質疑をしたところ、上川大臣は、先ほど戸舘さんがおっしゃったように「再審の目的は無辜の救済だと思っています。」とおっしゃっていました。

ただ、その一方で、再審請求審の中に証拠開示制度を設けることについて藤野議員から問われて、上川大臣はその答弁の中で2つのことを言っています。「再審の証拠開示については、その議論の中でいろいろ問題点も指摘されているところでございまして、手続構造の異なる再審請求審において、通常審の証拠開示制度を転用することについては整合しないのではないか」、それから「再審請求審における証拠開示について一般的なルールを設けること自体がなかなか困難ではないか」、このような見解を示されています。

この点についてお聞きしたいのですが、手続構造の異なるものに転用することが本当に難しいのでしょうか。通常審は被告人と検察官が手続を主導する当

事者主義構造をとるのに対し、再審請求審は裁判所が主導する職権主義構造にあります。このように手続構造は異なるのですが、今日、公判前整理手続の規定をいわば転用するようなかたちで再審の証拠開示が行われている現状から、これはぜひ水野さんにお聞きしたいと思います。

水野 本来の職権主義構造であるならば、すべての証拠は裁判所に来ているのだからべつに証拠開示は必要ない、という考え方が上川大臣の発言の背景にあるのだと思います。しかしながら、皆さんのお話にもありましたように、再審請求審ですべての証拠が裁判所に来ているなどということはありませんので、職権主義だからおよそ証拠開示がいらないというのはたぶん成り立たないと思います。

他方で、再審請求の中でも、手続上非常に重いものもあれば、あるいは、例えば濫訴を繰り返すような請求人からの請求もあったりして、いろいろな事件の類型があるので、すべてを一つにというのは確かに現実的でないような気がします。

ただ、裁判所が適切に判断することが前提になりますが、裁判所が請求書なりそのとき出してきた証拠なりを見て、これは確定判決が揺らぐ可能性があると思った段階で証拠開示に進めばいいという建て付けにすればよいので

あって、いろいろな事件があるから、およそ再審について一般的な議論は困難だという批判はあたらないのではないかと考えます。

鴨志田　多様な事件があることが、とりもなおさず一般的なルールをつくることが難しいということに直結するとは考えられないというご指摘ですね。

　いろいろ議論をしたところで、周防さんにお聞きしたいのですが、ここまでずうっと話をしているのは裁判官・検察官・弁護人という「司法村」の人たちなんですね。それを外から見ていて、今までの議論をお聞きになっていて、どうですか。

周防　これは「司法村」だけの問題ではなく、日本中にたくさんある「村」の問題です。なんのために自分たちが努力しているのか、なんのためにつくられた組織なのか、なんのためにつくられたルールなのか、その「なんのために」が何年かたつとどこかにいってしまって、例えば、再審が無辜の救済ならば無辜の救済をするために必要なやり方を追求すればいいのに、それがどこかにいってしまって、全て組織防衛になっている。今のシステムの中で考えて「それはできない」ではなく、今のシステムでダメなら「無辜の救済のためにもっといいシステムを考えましょう」という発想にならないとダメでしょう。

　だから、今、通常の裁判と再審は構造が違うから難しいと言っているけれども、「だからできない」ではなく、「難しくとも、無辜を救済するためには現状のシステムでは不十分なのだから、新しいやり方を考えよう」という努力をなぜ積極的にしないのだろう。

　これは司法だけの問題ではなく、実はあらゆるところで本来の目的、つまり山の目指すべき頂を忘れて、麓のほうでみんなが自分勝手に右往左往している感じがして、これは日本的な問題なのか本質的な人間の問題なのかよくわからないですが、だから僕は、なんのために自分たちの仕事があるのかをもう一度考え直してほしいと思います。

鴨志田　今の周防さんの問いかけを検察官はどのように受け止めるかというところで、郷原さん、お願いします。

郷原　先ほどから私が申し上げている「検察の正義」中心の考え方からすると、おそらく、無辜であってはならないと組織的には考えているわけです。そこから出発して対応しているから全く話がかみ合わないわけです。

　おそらくそれは再審の場面だけではもちろんなく、これまでも私は通常審で

弁護人としていろいろな刑事事件に関わって初めて、なるほど検察はこういうことをやっている組織だったのかということをいろいろと痛感しました。

デイビッド・T・ジョンソン氏が本の中で「日本の検察はパラダイスだ」と書いていますけれども（『アメリカ人のみた検察制度——日米の比較考察』〔シュプリンガーフェアラーク東京、2004年〕）、今から思えば確かにそう思います。私も、公判立会をあわせて2年やりました。もちろん無罪は1件もなかったですし、量刑が求刑の半分を下回るものも全くありませんでした。特に比較的年配の裁判官は、いったん検察官側が手の内に入れると、ほとんどこちらの言うとおりの判決を出してくれました。

そういう状況のもとで、「人質司法」の問題とか、それから、せっかく取調べの録音録画を導入しても、一番肝心な在宅のところは好き放題やられているとか、そういったところはまだまだ「検察の正義」中心の刑事司法が厳然と残っていて、それを全体的に改めていく努力とあわせて再審の問題を考えていかないと、おそらく、なかなか根本的には解決しないのではないかという感を強くしているところです。

鴨志田 ありがとうございます。郷原さんのご発言を伺うたびに衝撃を受けますけれども、今たいへんいい示唆をいただいたと思ったのは、再審だけの問題ではないというご指摘です。実は再審は、通常審の失敗をどうリカバーしていくかという制度なわけで、通常審が問題なく運用されていたら再審はあまり頑張る必要がないと思いますが、現実にはなかなかそうはなっていないから、これだけの深刻な冤罪事件があるわけです。

通常審における訴訟指揮や裁判のあり方と再審とを比較したときの、裁判官から見た再審のあり方について、特に、今、郷原さんからご指摘があったところも踏まえて、今度は裁判官としてのお立場で水野さんにお聞きしたいと思います。通常審のあり方から再審をどう見るのかという視点で、今の証拠開示の問題をお話ししていただいてもよろしいでしょうか。

水野 先ほどのドイツの例などを聞くと、通常審は限定的な証拠開示であっても、再審はむしろ全面でいってもいいということですが、素直な感覚としては、通常審以上のものが再審で出るというのは、初めは違和感がありました。

ただ、先ほどの紹介を受けて考えたら、例えば、航空機事故調査委員会のようなかたちになるのでしょうか。冤罪というシステム上のエラーが生じてしまっ

たので、そのエラーが生じた原因をみんなで考えていきましょうという、今の我々が考えている再審とは違う、もう少し客観的なものになってくるのでしょうか、そういうものであれば確かに、通常審以上の証拠を出すべきであるという考えも十分あるのではないかという気はします。

郷原　その点に関連して、私、最近経験した上告審について、つい1か月ほど前に私の個人ブログに「"人質司法の蟻地獄"に引きずり込まれた起業家」というのを書きました。既に返還しようとして供託している助成金の詐欺と脱税幇助で逮捕・勾留・起訴された被告人の話で、本当は少なくとも脱税幇助は徹底的に争いたかったけれども、人質司法のもとで争おうとすると、とにかく無限に身柄拘束が続きます。保釈してもらうためにはどうしても最終的に弁護人側から認める上申書を出さざるを得ませんでした。

　その上申書だけで、結局、1審も2審も全く争うことすらできず有罪になって、初めて上告審で事実を争おうとしたわけです。そのときに、「これだけは確かめてください」と彼が言ったのは録音・録画媒体です。「いかに調べがひどい状態だったのか、見てもらったらわかります。自分は拘禁ノイローゼで大量の向精神薬を飲んで、朦朧状態でまともな調べではなかった。見てもらったらわかります」というので、最高検に開示請求をしましたが開示しない。最高裁に職権発動で開示命令を求めましたが、あっという間に職権発動せず。しかも、上告趣意書を出したら15日で棄却決定になりました。

　上告審は通常審の最後の手続です。そこで、なぜ、録音・録画媒体すら開示させようとしないのか。こんな姿勢を最高裁が示していたのでは、いわんや再審請求に対して開示がどうのこうの言えるのだろうか、というところで非常に疑問に思いました。

　そういう面でも通常審との関係は非常に重要だと思います。

鴨志田　かつて『真昼の暗黒』（今井正監督、1956年）という映画で、「まだ最高裁がある」という有名なせりふがありましたが、そのように国民から期待される最高裁はどこにいってしまったのでしょうか。15日で上告棄却には私も驚きましたけれども、逆にいうと、そういう現実があって、通常審が機能不全に陥っているからこそ再審で証拠を出させるべきなのではないでしょうか。水野さんは、通常審以上の再審での証拠開示は少し違和感があったとおっしゃいましたが、逆に、そういう通常審の現実があるなかでは、再審で充実した証拠開示をとい

う話にならざるを得ないのではないかとも思うわけです。

　周防さんは、もともと通常審の証拠開示について事前一括全面開示という持論をもっていらっしゃいましたが、法制審の特別部会のときに「井上・酒巻の壁」（注：法制審特別部会の委員であった井上正仁教授、酒巻匡教授のこと）にぶちあたられたご経験がおありだと思いますが、もともと考えておられる持論から、通常審での誤りを是正する最後のとりでである再審での証拠開示について、改めてどのような思いをもっていらっしゃるか教えてください。

周防　これも、今、郷原さんがお話しになった通常審の問題でもありますが、僕はとにかく、最初に普通の刑事裁判を見て、証拠は全部見られないと知ったときに本当に驚きました。この気持ちを忘れないようにと思っていますが、これはたぶん、一般市民だったらみんな驚くと思います。一般人の感覚としては、証拠はすべて検討して、裁判できちんと調べられて判決が出ていると考えているわけです。僕ものんきにそう考えていました。

　それが、取材を始めて、検察は有罪立証のために必要な証拠しか出さないことを知った。証拠隠しをすることを知った。裁判とはそういうものなんだ、裁判官も弁護人も被告人も全ての証拠を見ることはできない、ほかにどういう証拠があるかもわからない。その事実は本当に衝撃でした。だから、証拠は全部開示されるべきではないか、素人としては素直にそう考えました。

　では、どうしたら全ての証拠を開示させることができるようになるのかと考えたときに、再審請求審の場で、どれほど通常審で証拠が開示されてこなかったか、大事な証拠がどれほど隠されてきたかが明らかになっていくことで、そこから通常審に跳ね返っていくだろうと。要するに、再審で積み上げた証拠隠しの事実が通常審での証拠開示の改革につながるのではないか、そのように思いました。

　だから、今、再審の決定が本当に軒並み出てくるなかで、いかに証拠がきちんと開示されてこなかったかを多くの人に知ってもらいたい、現状の証拠開示は証拠を全部見ることができないシステムだということを一般市民に知らせたい、それが今の僕の気持ちです。

　　　　パネルディスカッション・なぜ再審における証拠開示の法制化が必要なのか　　109

6. 証拠開示の前提としての証拠保管の問題
——「不見当」「不存在」の壁

鴨志田　ありがとうございます。まさに再審によって、こんな証拠が隠されていたという衝撃が通常審における証拠開示法制の議論にもフィードバックしていくような、そういう関係が望まれるということですね。

　さて、ちょっと別の観点ですが、証拠開示は証拠があることが前提です。ところが、実際に証拠開示請求をすると、よく検察官から「不見当」とか「不存在」という回答が返ってきますけれども、では、この「不見当」とか「不存在」の壁をどのように突破するのか、さらには先ほどから出てきている証拠の保管に話題を転換していきたいと思います。

　まず、戸舘さんにお尋ねしますが、袴田事件でもたぶん「不見当」「不存在」という回答がされて、あとで出てきたとか、そういうご経験はいろいろされていると思いますけれども、そのあたりの実情を少しお話しいただいてよろしいでしょうか。

戸舘　各事件の報告でも、「不見当」と言っていて「実はありました」という話はいくつもあったと思いますが、袴田事件もまさにその例に漏れず、「5点の衣類」を撮った写真が出たときに、「ネガがあるのではないか」という話をして、一部は出てきましたが、第2次再審請求のときに検察官は静岡地裁に対して「ほかにはない」と明言しました。それは調書のようなかたちでばっちり文書化もされていて、「存在しない」と言っていました。

　ところが、静岡地裁で再審開始決定が出て、検察官がそれに対して即時抗告をして、再審開始決定をいろいろ批判する文脈の中で、「ない」と言っていた証拠を自分たちに有利なかたちで新たに出してきました。「ない」と言っていたものを、再審開始決定が出たから東京高裁の段階で出してくる。さすがに黙って出すわけにもいかないから、検事は謝ってきました。「ないと言っていたけど出てきちゃってごめんね」と。

　そのような対応をしていますので、申しわけないですが、検察官の「不見当」とか「存在しない」という言葉は信用できないというのが私の実感です。ほかにもいくつかあったとは思いますが、そういうのは本当に日常茶飯事すぎて、ここにおられる弁護士の方々はそういう経験をたくさんしていると思いますが、本

当にひどいです。

　今の国会で問題となっている公文書の保管の話ともつながる気がするのですが、一個一個取り上げても大問題が起きるぐらい本当にありえないことがいくつも起きていて、私なども感覚がまひしてきているのをなんとか奮い立たせなければと思って、こういう場で改めて思い返すと、また怒りがふつふつとわいてきて、血圧が上がるなぁと思っている状況であります。

鴨志田　防衛大臣が「ない」と言っていた自衛隊イラク派遣に関する日報が存在していたというニュースなども報じられましたが、同様の話は私たちの業界では以前からある話で「今更」という感じですよね（笑）。ここでまた郷原さんにお尋ねするのもたいへん恐縮ですが、検察官が「不見当」とか「不存在」という回答をするときにどの程度の裏付けがあるのか、ぜひ伺ってみたいと思いますが、いかがでしょうか。

郷原　この点は、少なくとも検察庁で保管している証拠に関しては、裁判所から探すように言われたらきちんと探す、そこは一応信じていいと思います。

　問題は、警察が保管しているもの、それから、きちんと証拠物になっているものと、ひょっとして証拠物というかたちになっていないものもあるかもしれない、そういうものをどういう方法で確認するのか、これはなかなか簡単ではないと思います。それは各都道府県警で扱いが異なっていると思いますけれども、警察庁あたりが証拠物の保管の方法をもう少しきちんと管理するようなシステムをつくらないと、これは検察官だけではどうにもならない面はあるかもしれません。

　もう一つは、では、証拠物をどこまで保管するのか。「再審を請求する予定」と言われると検察では証拠は保管をしておきますが、実際に保管していても、いつまでたっても再審請求が行われないこともある、どんどん場所もなくなってきてという実務的にいろいろな難しい面もあると思います。

鴨志田　そもそも論として、証拠の保管について、きちんとした法律ではなく、都道府県警のそれぞれの規程でやられていること自体にも非常に大きな問題があることを指摘させていただきたいと思います。

　今度は水野さんにお尋ねします。今、戸舘さんと郷原さんからそれぞれの実情が話されましたが、実際に裁判官が再審請求審の訴訟指揮で証拠開示の勧告をしたところ、「不見当」とか「不存在」という回答をしてきたときに、では、

パネルディスカッション・なぜ再審における証拠開示の法制化が必要なのか　　111

望まれる訴訟指揮はどういうものなのかについてお考えをお聞かせください。

水野　昔ならば、検察官が「ない」と言ったら信じたかもしれないですけれども、これだけ多くの実例が報告されていますから、裁判官も簡単に納得はできないと思います。

　この場合、「仮に『ない』と言うのであれば、ないことをきちんと書面で説明せよ」というのはすごくいい発想だと思います。「ない」「出せ」、「ない」「出せ」では始まらないので、本来あるのが普通であるものがないのは、そこをきちんと説明しない限り信用できないというかたちで、開示の勧告なり、最終的には命令なりを出すことが望ましいやり方だと考えます。

鴨志田　先ほどの報告の中で大崎事件の第3次再審請求審の実例の話がありましたが、口頭で「ない」と言ったときに、「ないならないという合理的な理由を書面で報告せよ」という訴訟指揮を裁判所がしたところ、全部出てきた、しかも「ない」と言っていたネガフィルムのみならず、新たに17本のネガが出てきたという話もあるので、そういう少し踏み込んだ訴訟指揮によって出てくる実例を敷衍するというか、広めていくことは重要だと思います。

　そういう意味では、日野町事件（第2次再審請求審）でも、裁判長は「不存在といったものが出てくる事態は非常に遺憾である」という見解をわざわざ読み上げて調書に残しています。調書に残すことは後の検証に資することでもあるので、非常に意味のあることではないかと思います。

　それとの兼ね合いでもう一度水野さんにお尋ねしますが、東京電力女性社員殺害事件等で生体証拠の問題が出てきましたが、生体証拠の保管や扱いについての裁判所の訴訟指揮についてはどのようにお考えでしょうか。

水野　今まではそれほど意識されていなかったのですが、DNA型鑑定の精度が本当に高くなって、有罪・無罪の決定的な証拠となるこの時代にあって、裁判所自身が生体証拠の保管にはかなり気をつけなければいけないと思います。請求人側でも当然、申立ての段階で保全を言ってくるでしょうけれども、裁判所も遅滞なく保全措置を講ずることは絶対必要ではないかという気がいたします。

7. パネリストからのメッセージ

鴨志田　ありがとうございます。もっとお聞きしたいことはたくさんありますが、

残された時間がわずかとなってきましたので、ここまでの報告や議論を通して、やはり再審請求手続での証拠開示について、法律がないことが非常に問題だろうということは皆さんの共通認識になったと思います。

　なので、最後に、パネリストそれぞれのお立場から、では、あるべき法制度はどういうものか、どういう法律ができればこの状況が打破できるのかについて、一言ずつメッセージをいただいて、このパネルを締めたいと思います。

　まず、戸舘さんからお願いします。

戸舘　私の立場からしますと、再審が無辜の救済であれば、シンプルに、すべからく、存在する証拠は全部開示すべし。検察が自分のアクセスできる範囲で警察にあるものもすべて出させる。それを実際にやるとなったら、具体的な手続とか実務とか、いろいろ細かく決めなければいけないと思いますが、基本的発想は、あるものを全部出して不都合は何もないだろうと思います。

　この間の議論はいろいろありましたが、私の感覚からすると、すべての事件で確定した有罪判決に不服がある人は、当然に証拠にアクセスできる権利があるのではないか。確定判決といえども、あくまでも蓋然的な判断ですし、再審制度がある以上は、無辜の救済を訴える人々に救済の道は常に開かれていなければいけませんので、そこには事件の大きい小さいもありません。

　とかく再審事件というと、袴田事件などもそうですが、死刑事件とか重大事件しかないと思われるかもしれません。でも、私も経験していますが、世の中にはもっと小さい事件で、例えば万引き犯とかちょっとした暴行などでも、やっていないけれども有罪判決を受けた方はごまんといらっしゃいます。本来であれば、そういう方々は再審によって自分たちが被った冤罪被害を訴えたいのですが、それはなかなかできない状況になっています。

　具体的な手続をどうするかという問題はあるかもしれませんが、理念的には、そういう方々に対しても再審の道は開かれるべきですし、事件の大きい小さいに関わりなく証拠開示が認められて、無辜の救済をすべからく実現すべきだと私は考えています。

鴨志田　ありがとうございます。郷原さんには法務・検察の抵抗を打破する提言をお願いしたいと思います。

郷原　私は、先ほど周防さんが言われた点がすべてだと思います。通常審においても、証拠は公判段階からすべて開示する、それを原則にしておいて、罪

パネルディスカッション・なぜ再審における証拠開示の法制化が必要なのか　113

証隠滅のおそれがあるとか、公判に支障があるのであれば、それを検察官が具体的に疎明して開示を拒むということで、原則と例外を逆にすべきだと思いますし、それを裁判所にきちんと判断してもらわないといけないと思います。

　先ほどから言っているように、検察はまだまだ、組織としては刑事司法の正義を独占しているという意識が根強いと思います。しかし、現場レベルで考えたとき、とりわけ今弁護人としてやっていて、正義を独占する力は検察にはもはやないと思います。それは現場でやっている連中はある程度わかっていると思います。ですから、日野町事件の最初の段階の検察官はけっこう大らかにリストを開示したりしたわけで、これは個人として非常に真っ当な感覚だと思います。それは、自分たちはすべての証拠を全部適切に検討しているからこれが正義だということは、おそらく個人レベルではなかなか考えられなくなっているからだと思います。

　ですから、検察だけの正義ではなく、もちろん「人質司法」の解消も含めて、裁判所にはしっかりいろいろな判断をしてもらい、弁護人と一緒になって真実を解明していくような姿勢に変わっていかないといけないし、そのためには、通常審の公判段階からの全面開示がまず不可欠で、それによっておのずと再審における証拠開示の問題も解決していくのではないかと思います。

鴨志田　ありがとうございます。水野さんには、裁判所の訴訟指揮のしやすさと「再審格差」の是正というような観点からの立法提言をお願いしたいと思います。

水野　私は、再審の手続で、それほど複雑な制度・立法は必要ないのではないかと思います。先ほど言いましたように、裁判所が確定判決に疑いが生ずる蓋然性があると思ったら、とりあえず請求人の主張に従って証拠開示をどんどん進めていくだけでもだいぶ変わってくると思います。この場合、公判前整理手続のように、証拠開示を独立の上訴で個々的に確定するという制度にすると、証拠開示をめぐる争いも迅速に解決されることになるという気がいたします。

　ただ、この問題は裁判官とか裁判所が本気にならないとだめだと思います。検察官からのアクションは考えられず、逆に裁判官が本当に本気になれば、このへんの改革はすぐにできると思いますので、そういう方向で私も頑張っていきたいと思います。

鴨志田　ありがとうございます。

114　第3部　法制化へ向けて

では、最後に周防さん、今日は日弁連主催のシンポジウムで弁護士も含めた「司法村」ということもあり、実は周防さん以外のパネリストの方々は全員、（元裁判官、元検察官であっても）今は日弁連の会員です。非会員は周防さんだけということで、非会員の立場から「司法村」に注文を付ける、という形で最後に立法提言をいただきたいと思います。よろしくお願いします。

周防　法制審議会を通じて日弁連の皆さんといろいろ交流があり、法制審議会における弁護士の立場の弱さも目にしましたが、実は弁護士の立場が今まであまりにも弱すぎたがゆえに、証拠開示一つとっても、「これだけ見られるようになったじゃないか」という幸せな気分を味わっているのではないかと思うんですね。

　でも、それは前がひどすぎただけで、まだまだまともなレベルに達していないことを弁護士の皆さんには自覚していただきたい。今のひどい状況を多くの弁護士に自覚してもらって、その状況を少しでも改善できるように頑張っていただきたい。あまりにも不幸な立場に追いやられていたので、皆さん、ちょっとしたことが喜びになっていると思いますが、こんなことで喜んでいたらだめだと思いますし、私も応援しますので、よろしくお願いいたします。（拍手）

鴨志田　最後に力強いエールをいただいて、私たちももっと頑張らなければという気持ちになりました。

　長い時間おつき合いいただき、ありがとうございました。改めまして、すばらしいパネリストの方々にもう一度拍手をお願いします。（拍手）ありがとうございました。

　では、これでパネルディスカッションを終了します。

＊このパネルディスカッションは、2018年4月7日に日弁連（日本弁護士連合会）で開催された「再審における証拠開示シンポジウム」におけるパネルディスカッションの内容を、ほぼそのままの形で再収録したものです。

パネルディスカッション・なぜ再審における証拠開示の法制化が必要なのか　115

「存在しない」
「いや、実はありました……」
行政文書の隠蔽とは別の、もう一つの攻防

江川紹子

　厚労大臣が国会で「なくなった」と答弁した調査原票が同省地下で見つかり、森友問題で財務省が決裁文書を改ざんし、さらには防衛省が陸上自衛隊のイラクでの日報の存在を確認しながら1年も大臣に報告せず……。各省庁での公文書の隠蔽・改ざんが次々と明るみに出て、大きな衝撃を与えている。
　ところが、こうした問題について、冷めた口調でこう語る人がいる。
　「我々の業界では、こういうことは前から何度も行われているので、最近のニュースを見ても少しも驚きません」

1.「庁舎をひっくり返して探した」はずが……

　発言の主は、鴨志田祐美弁護士（鹿児島県弁護士会）。鴨志田弁護士は、日弁連人権擁護委員会の「再審における証拠開示に関する特別部会」部会長を務める。発言の「我々」とは、冤罪からの救済を訴える人たちのために再審に取り組む弁護士たちを指す。鴨志田弁護士自身も、先月3度目の再審開始決定が出された「大崎事件」の弁護団事務局長を務めている。
　再審請求の手続きの場で、「こういうこと」は、どのように起きているのか。
　4月7日に東京・霞が関で行われた「法制化へ向けて──再審における証拠開示シンポジウム」（日弁連主催）では、様々な再審請求事件に取り組む弁護士たちが、あるはずの証拠を「ない」と言い張る検察官との攻防を報告した。そこからいくつかを紹介する。
　たとえば、大崎事件（報告者：泉武臣弁護士）。

第1次再審請求審では鹿児島地裁が再審開始決定を出したが、検察側の即時抗告を受けた福岡高裁宮崎支部がそれを取り消した。第2次再審請求審で、弁護側は未提出の証拠の開示を再三求めたが、検察側は「第1次再審請求審で開示した以上の**証拠は存在しない**」と回答。その際、担当検察官は「**検察庁をひっくり返して探した**」とも言っていた。

警察にも照会したが、「**証拠は保管していない。過去にあっても、検察庁に送っている**」との回答だった。

鹿児島地裁は、その後検察に何の働きかけもせず、再審請求を棄却。その決定の中で、検察、警察の回答について「**疑わしい点は特に見当たらない**」とした。

ところが、両回答はいずれも事実に反することが、後に判明する。

2. くり返される「ない」→「あった」

第2次請求の即時抗告審で福岡高裁宮崎支部は、弁護側の熱心な要請に応え、文書で証拠開示勧告を行った。弁護側が求めている証拠の有無を調査して、現存する証拠のリストを作って開示するよう、検察側に指示したのだ。

その後、検察から五月雨式に213点もの証拠が開示された。そのうち30数点は、警察で保管されていたものだった。開示された証拠の中には46本のネガフィルムがあった。これについて、検察官は「20本ほど**500枚しか印画できなかった。その余は、経年劣化していて**、ケースからフィルムを取り出すだけで壊れるかもしれない。**フィルムを毀損しなければ印画できない**」と説明したため、何が写っているのか確認できなかった。

そして、一連の証拠開示の後、検察官は「**大崎事件に関する証拠はもはや**(捜査機関に)**存在しない。不見当ではなく不存在である**」と述べた。「見当たらない」のではなく、「存在しない」と言い切ったのである。

しかし、これも後に事実でないことが明らかになる。

第3次再審請求審で、弁護側は粘り強く46本すべてのネガフィルムの開示を求めた。その結果開示されたネガフィルムは、検察官が言っていた500枚だけでなく、ほぼ全コマ約1240枚がプリントできた。

ただ、46本のネガフィルムが入っていたフィルムケースには、連番で番号

「存在しない」「いや、実はありました……」──行政文書の隠蔽とは別の、もう一つの攻防　　117

がふってあったのだが、その中で21番が抜けていた。弁護側がその開示を求めると、検察官の回答はこうだった。

「警察署に確認したが、21番はない。ネガフィルムケースは他の事件に流用することもあるから、欠番があっても不自然ではない」

そこで裁判所が、再度の探索と保管状況の報告を求め、「あれば開示勧告をするから、そのつもりで準備するように。ない場合は、不存在である合理的理由を付して文書で提出するように」と迫った。

すると、検察官の回答はこう変わった。

「21番ありました。そのほかにも17本分のネガフィルムがありました」

この17本は、なんと警察署の写真室の戸棚から見つかった。本気で写真を探すなら、真っ先にチェックする場所ではないのか。そのネガフィルの中には、原口さんに有利な証拠となる、近隣住民による現場再現写真も含まれていた。

こうした調査の後、検察側は「**大崎事件の証拠は金輪際存在しない**」とする報告書を提出したが、果たしてどうなのだろうか……。

3.「あってはならない事態」と裁判所も怒る

シンポジウムでは、検察官が「ない」と言っていた証拠が、後から「発見」されたケースが他にも報告された。

1984年に滋賀県日野町で酒店経営の女性が殺害された「日野町事件」(報告者：石側亮太弁護士)では、裁判所の求めに対して検察側が「存在しない」と回答。これに対し、弁護団が大崎事件の例を挙げてさらなる探索を迫ったところ、指紋・掌紋を採取したゼラチン紙が、県警鑑識課の倉庫内から「発見」された。これまた、最初に探すべき場所からの「発見」である。

こうした検察の対応に対し、裁判所は次のように不快感を示したうえで、再度の調査と報告を求めた。

「裁判所が存否確認及び存在する場合の開示を求めた証拠物の一部につき、検察官が『不存在』と回答した証拠物が後に発見された経緯について、**本来あってはならない事態であって、遺憾である**」

「本件事案の重大性や裁判所が開示を求める当該証拠の重要性に鑑み、**未開示の証拠が思わぬ保管場所に存在するのではないかとの疑念が生じたこ**

とは否定できない」

　そして、あちこちの事件で同様の対応がくり返されていることで、検察は無辜の救済に結びつく証拠を出し渋っているのではないか、という疑念も招いている。

4. 裁判所の決定に従わない検察

　さらに、検察官が裁判所の指示に従わないケースも報告された。

　同居していた10代の親族の少女に対する強姦などの罪に問われ、懲役12年が確定して服役中の男性について、その後少女が被害証言が虚偽であったことを告白した事件（報告者：山本了宣弁護士）だ。検察の補充捜査で、少女には性被害はなかったことを示すカルテが見つかって、男性は釈放され、再審で無罪となった。

　この事件では、少女の母親が調書の中で「病院で検査を受けさせた」と述べていたことから、弁護側が控訴審の段階で、診療記録があるはずだと指摘。検察側に証拠開示を請求した。だが、捜査機関の手抜かりで、病院での捜査は行われておらず、診療記録は警察や検察にはなかった。弁護側は、病院名を知るため、少女や母親の証人尋問を求めたが、大阪高裁は応じなかった。

　こうした経緯もあり、真相解明を求めるべく、弁護側は再審請求の段階で捜査機関が保管する全証拠の開示を求めた。これを受けて大阪地裁は、「本件について捜査機関が保管する一切の証拠の一覧表（＝リスト）」を弁護人に「交付せよ」と命じた。「勧告」より踏み込んだ、書面による正式な「決定」だった。

　ところが、検察側はこれを拒絶。しかも、何ら異議申立の手続きをしないまま、意見書で「本件決定は、訴訟指揮に関する裁量権を逸脱したものであり、応じられない」「一刻も早く請求人を不安定な地位から解放すべき」などと主張するだけだった。裁判所は「遺憾である」と述べ、弁護側も厳重抗議をしたが、検察庁に乗り込むこともできず、対抗する手段はなかった。

　この男性は、無罪確定後、国や大阪府を相手取って国家賠償請求訴訟を起こした。訴状の中で男性の弁護団は、法的な不服申立もせず、裁判所の訴訟指揮に従わない検察官の対応を、「訴訟法規から逸脱する程度は甚だしく、その違法性は一層明白である」と批判している。

「存在しない」「いや、実はありました……」──行政文書の隠蔽とは別の、もう一つの攻防　119

5. 進化から取り残される再審請求審

　検察は多くの証拠の中から、自分たちの主張を裏付けるものだけを裁判所に提出しているため、それ以外の証拠はお蔵入りの状態。そうした「検察官未提出証拠」の中に、確定判決の有罪認定を根幹から覆す決定的な事実が潜んでいて、それが開示されたことで再審につながった布川事件や東京電力女性社員殺害事件などのケースもある。

　ただ、再審請求審における証拠開示は、法律で明文の規定がないため、裁判官の対応は、人によってまちまちだ。このような意識のばらつきは、そのまま再審を開始するかどうかの判断に直結する。しかも、裁判所の勧告が出ても検察側があるものを「ない」と言い、命令にすら従わない事例まで出る事態は、ひどすぎるのではないか。

　今、国会で問題になっている公文書が、作成した役所のものでないのと同様、捜査機関が集めた証拠は、警察や検察のものではない。では、誰のものか？　それは、真実を発見し、裁判所が正しい事実認定をするために、検察側も弁護側も双方が利用できる公共の財産と言うべきだろう。

　だからこそ、刑事訴訟法の改正が重ねられ、通常の裁判では公判前整理手続の段階で弁護人への幅広い証拠開示が認められるようになり、検察官手持ち証拠のリストの開示も可能になった。だが、再審請求審に関しては、そうした法改正もなされず、制度の進化から取り残されている。

6. 法律改正で現状の改善を

　役所が、自分たちの都合で公文書を隠蔽してはならないように、捜査機関が自分たちの都合で証拠を隠してならないのはもちろん、裁判所から探索の指示が出ても探すべき所を熱心に探さないといった対応もあってはならない。また、裁判官の"当たり外れ"によって、証拠が開示されたりされなかったりという"格差"が甚だしいのもよくない。

　今の法律であれば、当然開示される証拠が、法改正以前に起きた事件だからと、開示されないというのも、「不運」では済まされないのではないか。

捜査も裁判も、人間の営みである以上、間違いは起こりうる。大切なのは、そうなった時に、できるだけ速やかに救済が行えるようにすることだ。

　現状を改善するためには、再審請求審で、できるだけ広範な証拠開示が行われるような制度作りが望ましい。少なくとも、通常審であれば開示されるはずの証拠群の開示を義務付け、証拠のリストの作成や開示を求められるようにすべきだろう。

　法改正が急がれる。

2018年4月9日付Yahoo!ニュース
https://news.yahoo.co.jp/byline/egawashoko/20180409-00083783/
(本書に掲載するにあたり、若干の加筆修正を行いました)

立法化への提言

上地大三郎

1. 法制化の必要性

(1) 訴訟指揮権に基づく証拠開示の現状と問題点

　再審請求手続において、捜査機関の手元にある証拠を弁護人が利用できるようにすること、すなわち再審における証拠開示については、現行法に明文の規定がなく、裁判所の訴訟指揮権に基づいて証拠開示が行われているのが現状です。しかし、明文の規定がないことによって、以下のような問題が生じています。

　ひとつは、証拠開示の基準や手続が明確ではなく、全てが裁判所の裁量に委ねられており、多くの場合、裁判所は判断の理由を示さず、裁判所の訴訟指揮に不服があっても、これを争う手段がないということです。このように、現状はいわばブラックボックスのような状態となっており、訴訟指揮の適正さを担保する制度的保障がありません。

　もうひとつは、裁判所が証拠開示に関する命令や勧告を行っても、検察官がこれに従わない場合があるということです。裁判所の判断が無視されるというのは由々しき事態ですが、現状では、証拠開示に関する裁判所の訴訟指揮の実効性を確保する仕組みがありません。

(2) 無辜（むこ）の救済のための証拠開示の必要性、重要性

　近年、再審請求手続において新たに証拠が開示され、それが確定判決の有罪認定を動揺させる大きな原動力になって、再審が開始されたり、再審によって無罪判決が確定したりする事例が相次いでいます。冤罪被害者の救済のために、再審における証拠開示が必要かつ重要であることは、論を俟たないと思います。

　しかし、私たちとしては、先ほど述べたような理由によって、本来開示される

べき証拠が開示されていない場合があると考えています。

(3) 法制化の方向性

したがって、証拠開示に関する裁判所の判断の適正さや、裁判所の訴訟指揮の実効性を確保するために、再審における証拠開示については、速やかに法制化がされる必要があります。

具体的には、裁判所は、検察官に対し、証拠開示に関して必要な事項を命じることができ、検察官は、それに従う義務があることを明確にする必要があります。そして、一定の場合には、裁判所は、検察官に対して、証拠開示命令を発しなければならないこととする必要があります。

2. 証拠開示の要件——考えられる類型

(1) 再審請求手続の審理と証拠開示の機能

それでは、どのような場合に、裁判所は証拠開示命令を発しなければならないこととすべきでしょうか。

再審請求手続では、新証拠と他の全証拠とを総合的に評価して、確定判決の有罪認定に合理的疑いが生じるか否かが審理されます。したがって、そのような審理を行う上で必要かつ十分な証拠が開示される必要があります。

そうすると、何が必要かつ十分な証拠であるかということが問題となりますが、それは証拠開示の機能を考えれば明らかになります。すなわち、証拠開示は、証拠の証明力や主張の当否の判断を的確に行い、事案の真相に迫るためには必要不可欠なものといえます。したがって、開示されるべき証拠の範囲も、当該事件の証拠構造や再審請求人の主張立証との関連でおのずと定まってきます。

(2) 再審事件で証拠開示が必要となる局面

ところで、再審事件の審理の実情を見ると、再審事件で証拠開示が必要となる局面としては、例えば以下のような場面が想定できます。

まず、再審請求を行うには、確定判決の有罪認定の根拠となった証拠の証明力を弾劾したり、再審請求人の主張（例えば、アリバイとか真犯人の存在など）を立証したりするために、新証拠を提出する必要があります。したがって、新証拠の証明力を的確に判断するためには、それに関連する証拠が開示される必

立法化への提言　123

要があります。

　また、再審請求手続においては、確定判決の有罪認定を覆すために、新たな事実上・法律上の主張（例えば、確定審の段階では問題とされていなかった疑問点の指摘など）が行われます。したがって、その主張の当否の判断を的確に行うためには、それに関連する証拠も開示される必要があります。

　さらに、新証拠や再審請求人の主張の内容によっては、確定判決の有罪認定に合理的疑いが生じるか否かを判断するにあたり、新証拠以外の証拠、ここでは「旧証拠」といいますが、その証明力を再評価する必要が生じる場合もあります。例えば、新証拠によって、確定判決の有罪認定の根拠となった証拠の証明力に疑問が生じた場合、確定判決の時点と比べて証拠状態に変動が生じているわけですから、新たな証拠状態を前提として証拠評価の見直しを行う必要があります。したがって、そのような場合には、旧証拠の再評価を的確に行うために必要な証拠も開示される必要があります。

　再審における証拠開示の法制化にあたっては、少なくともこれらの証拠が開示されるような要件を設定する必要があります。

3. 証拠一覧表の交付

(1)　検察官が保管する証拠の一覧表の交付

　ところで、再審事件の審理を見ていると、証拠開示の対象となる証拠の存否をめぐって争いが生じる場合があります。しかし、証拠の存否をめぐる不毛な争いをなくし、証拠開示に関する手続を迅速かつ的確に進めるためには、その前提として、証拠の存否に関して裁判所、検察官及び弁護人が共通認識を持つ必要があります。

　したがって、検察官は、その保管する証拠の一覧表を作成した上で、これを裁判所や再審請求人とその弁護人に交付する制度を設ける必要があります。

(2)　裁判所による証拠の存否調査命令と、検察官の調査・回答義務

　ただし、それだけで証拠開示の対象となる証拠が全て網羅されるわけではありません。なぜなら、捜査機関が集めた証拠が全て検察官の手元にあるわけではなく、警察の手元に残っていることも少なくないからです。そのため、検察官が「不見当」、「不存在」と回答していた証拠について、後日、その存在が

明らかになる場合もあります。

したがって、検察官が「不見当」、「不存在」と回答した場合であっても、証拠の存否をめぐって争いが生じている場合には、裁判所は、検察官に対して、証拠の存否の調査を命ずることができ、検察官は、当該証拠の存否を調査し、その結果を回答することを義務づける必要があります。

4. 証拠物の保存・管理

(1) 証拠物を適切に保存・管理しておく必要性

また、近年、DNA型鑑定等の科学技術が大きく進歩しており、足利事件や東京電力女性社員殺害事件では、DNA型鑑定が無辜の救済に大きな役割を果たしました。

しかし、科学技術の進歩によって、通常審の段階では解明できなかった問題について、鑑定試料から新たな情報を得ることが可能になったとしても、鑑定試料そのものが適切に保管されていなければ、鑑定を実施することができなくなります。これでは、科学技術を利用して無辜の救済を図るという手段が奪われてしまいます。

(2) 生体試料その他の証拠物の保存義務等

したがって、鑑定試料となり得る生体試料その他の証拠物については、当該証拠物の所有者の利益との調整も図りつつ、一定の事件については、検察官に対し、その保存を義務づける必要があります。

また、再審事件の場合、事件発生からかなりの年月が経過していることが多く、鑑定試料の汚染や劣化等が生じる危険性が高くなっていますので、その証拠価値を保全するために必要な措置を講じることができるようにする必要もあります。

5. まとめ

再審における証拠開示に関しては、通常審と手続構造が異なるとか、一般的なルールを設けることは困難であるとの指摘もなされています。

しかし、現行法の下でも、再審における証拠開示が実現している例は多々あ

立法化への提言　125

るわけですから、そのような事例を集積することによって、証拠開示に関する
ルールを定めることは可能だと思います。その意味で、これらの問題は、制度
設計の仕方によって克服できるものといえるでしょう。

　そもそも、いかなる理由を述べようとも、開示されるべき証拠が隠されたま
ま、誤った有罪判決が維持されるという不正義を正当化することはできません。
2016年改正刑事訴訟法の附則9条3項は、再審における証拠開示について
速やかに検討を行うことを求めています。これは、衆議院及び参議院の各法
務委員会において、法制審議会新時代の刑事司法特別部会での議論状況も
踏まえつつ、多くの国会議員から、再審における証拠開示の法制化を求める
意見が相次いだからにほかなりません。したがって、再審における証拠開示の
法制化の必要性については、もはや異論がないといえます。

　再審制度を無辜の救済のための制度として実効あらしめるために、再審に
おける証拠開示は必要不可欠であって、その法制化は喫緊の課題です。本書
が、法制化に向けた一助となることを期待しています。

付録

再審における証拠開示に関する実例集

調査・分析：日本弁護士連合会 再審における証拠開示に関する特別部会

1. 開示対象とされるべき証拠の範囲を広く解する必要性を示す実例

●———————————————— 捜査機関が組織的に利用することを予定していないメモ等

（1）　大崎事件（第2次即時抗告審）

　弁護人の証拠開示請求に応じ、裁判所が検察官に対し、証拠の標目を作成し、これを弁護人に開示するよう勧告したところ、その前後において、検察官が任意に多数の証拠を開示した。その中に、捜査機関作成の供述調書一覧や書類目録、証拠目録等が含まれていた。その他にも、捜査機関のメモが多数開示された。

（2）　日野町事件（第2次請求審）

　裁判所が、検察官に対し証拠の一覧表の作成及び提出を求めたうえで、未開示証拠の開示勧告を行ったところ、検察官が一度未開示証拠は不存在との回答を行ったのち、新たに指掌紋を採取したゼラチン紙や現場指紋検出結果報告書等の未開示証拠を開示するに至った。

●———————————————————— 鑑定人等が作成したメモ等

（1）　狭山事件（第3次請求審）

　弁護人が証拠開示を求め、裁判所がポリグラフチャートの開示を促し、開示された。

（2）　名張事件（第7次差戻後異議審）

　弁護人が、検察官側鑑定の基となる全データの開示及び同鑑定に使用された鑑定資料の開示を求めたところ、検察官が開示した。

（3）　飯塚事件（請求審）

　請求人がDNA鑑定記録や目撃証言関連記録の開示を求め、一部の証拠が任意開示された。

（4）　大崎事件（第2次即時抗告審、第3次請求審）

　第2次再審請求即時抗告審において、裁判所が法医学者の証人尋問に関係する証拠を事前に開示するよう求めたところ、第1次再審における検察側の鑑定人にかかる鑑定作業の経過を記録した書面が多数開示された。

　第3次再審請求において、請求人が証拠開示を求めたところ、裁判所からも証拠開示が促され、証拠45点、46本のネガフィルムが開示され、合計1713枚の写真が開示された。その中には、遺体発見時の遺体写真や解剖写真といった新証拠の証明力に影響する証拠が含まれていた。

(5) 恵庭事件（第1次請求審）

　弁護人が証拠開示を求め、裁判所も任意開示を促したところ、検察官が裁判所の適示した証拠（ガスクロマトグラフ、燃料油類成分質量分析の関係書類、逮捕状添付書類、検死調書、目撃者の供述調書等）を開示した。再審請求審は棄却決定であったが、証拠開示により明らかとなった目撃者の初期供述から請求人のアリバイが成立する可能性を認める旨の認定をした。

● 他事件の捜査で収集された証拠等

(1) 榎井村事件

　再審請求審の審理中において、警察の調査により、香川県警察本部で保管されている書類綴りに本件及びそれに関連する余罪事件の書類があることが判明したため、それが開示され、事件構造の把握に寄与したことで、再審開始の原動力となった。

(2) 足利事件

　再審公判において弁護人が証拠開示を求めたところ、請求人が被疑者とされていた別件の証拠が開示された。別件については請求人にアリバイがあったにもかかわらず、本件と同様の自白に追い込まれていたことから本件の自白の信用性を低下させる一事情となった。

● その他の参考事例

(1) 日野町事件（第2次請求審）

　請求人が証拠開示を求めたところ、裁判所による証拠開示勧告を受けて、検察官が多数の公判未提出証拠の証拠開示をした。その中には、「逮捕状の不執行など捜査過程の重大な事実に関する証拠」「実況見分の実施過程や実況見分調書の作成過程に疑問を生じさせる証拠」「捜査機関によるアリバイ関係者に対する工作を示す証拠」等が含まれていた。

(2) 袴田事件（第2次請求審）

　第2次再審請求において、請求人が証拠開示を求め続け、裁判所も任意開示を促したところ、2010年9月以降11回にわたり合計583点の証拠が開示された。裁判所は2011年12月5日に開示勧告をし、5点の衣類発見時のカラー写真、同衣類販売会社役員の供述調書、32通の否認調書、全23巻の取調べ録音テープ等の証拠が開示された。裁判所は2013年7月5日にも、理由（確定審で公判前整理手続がなされていれば主張関連証拠として当然開示の対象になっていたこと、自白の信用性判断や供述心理鑑定に関連する可能性があること、旧証拠との関連性があること、事件発生からの経年により開示の弊害が考えにくいこと）を付して、書面による証拠開示勧告を行った。結果として合計600点近くの証拠開示がなされ、証拠開示によりズボンタグの「B」について、確定審の判断に誤りがあり（「型」でなく

証拠開示に関する実例集　129

「色」であったこと）、それが確定審当時における検察官未提出証拠に含まれていたことが明らかとなったり、取調べ録音テープの開示により証拠排除された45通の自白調書に関する取り調べの実態が明らかになった。開示証拠も新旧全証拠の総合評価に取り入れられており、再審開始決定に繋がった。

　静岡地裁が2014年3月27日に再審開始を決定したが、即時抗告審の東京高裁は4年余りの審理の末、2018年6月11日、再審開始決定を取り消した。現在、最高裁に特別抗告審が係属中である。

2. 証拠開示について裁判所の役割の重要性を示す実例

●───── 裁判所の訴訟指揮により証拠開示が実現し、再審無罪が確定した事例

(1)　弘前事件

　確定審において犯人性を立証するための証拠として、請求人の靴に被害者の血液型と同型の人血が付着していたとする鑑定が出されていたが、検察官が弁護人の請求に応じず、開示されなかった一件記録が、裁判所の取寄せ決定により取り調べられたところ、同鑑定人がより早い時期に「血液型が資料不足で判別できず」と記載した鑑定があったことが判明した。血痕の証拠価値の問題が争点となり、シャツの血痕も押収後に作出された疑いがあるとされ、同鑑定を含めた有罪認定を支える証拠の作成過程に疑惑が生じた。

　仙台高裁が1976年7月13日に再審開始を決定し、同高裁は「犯人性を推認する証拠は何一つ存在しない」と判示して無罪判決を言い渡し、確定した（1977年2月15日）。

(2)　免田事件

　裁判所が検察官に対する送付嘱託（1956年2月11日）を行い、検察官の未提出証拠を取り寄せた結果、請求人のアリバイや供述の信用性を裏付ける供述調書等が開示され、アリバイ主張を認めて再審開始となった。

　福岡高裁が1979年9月27日に再審開始を決定し、検察官の特別抗告は棄却され、熊本地裁八代支部で無罪判決が言い渡され確定した（1983年7月15日）。

(3)　財田川事件

　裁判所が、検察官に未提出記録の開示を促したところ、1970年10月には警察が保管していた未送致記録の捜査状況報告書綴り2冊、関係人供述調書綴り1冊、1977年10月には捜査課と捜査本部の各捜査書類綴り2冊がそれぞれ開示された。後者の開示証拠により、秘密の暴露があるとされていた自白が、秘密の暴露に該当しなかったことが裏付けられ、自白の信用性に影響を及ぼした。

　高松地裁が1979年6月7日に再審開始を決定し、検察官の即時抗告は棄却され、同地裁で無罪判決が言い渡され確定した（1984年3月12日）。

⑷　松山事件

　裁判所（第2次請求審）の勧告により開示された未提出記録6冊の中に、犯人性を立証する証拠とされていた血液が付着したとされる掛け布団に「ベンチジン、ルミノール反応とも陰性」として血液反応が存在しないと結論づける鑑定などがあった。

　仙台地裁が1979年12月6日に再審開始を決定し（検察官の即時抗告棄却）、仙台地裁で無罪判決が言い渡され確定した（1984年7月11日）。

⑸　徳島事件

　第5次再審請求の審理を始めるに際し、三者打合せの中で裁判所が証拠開示を勧告し、検察官が未提出記録である警察の初動捜査に関する記録や目撃者である少年2人の目撃供述の変遷経過を示す証拠等22冊を開示した。これにより、証拠構造上核心的な目撃証言の信用性に関わる多数の重要な未提出証拠が存在していたことが明らかになった。

　第6次再審請求において、徳島地裁が1980年12月13日に再審開始を決定し、検察官の即時抗告が棄却され、同地裁が無罪判決を言い渡し確定した（1985年7月9日）。

⑹　梅田事件

　第2次再審請求において、裁判所の勧告により検察官が未提出記録の目録を提出したため、裁判所がその中から証拠を特定して、職権により地検から公判未提出記録である供述調書や捜査記録、写真等を多数取り寄せた。そこに含まれていた被害者の頭蓋骨写真等の証拠により、確定判決が認定した実行行為との不一致が明らかになった。

　釧路地裁網走支部が1982年12月10日に再審開始を決定し、検察官の即時抗告が棄却され、釧路地裁が無罪判決を言い渡し確定した（1986年8月27日）。

⑺　島田事件

　裁判所が刑訴法445条の「事実の取調」の前提として昭和60（1985）年3月20日付文書取寄決定をし、検察官に事件発生後から逮捕日までの捜査日誌、現場の足跡採取に関する捜査報告書等の提出を求めたところ、逮捕日付捜査日誌の付箋欄のみと足跡採取に関する報告書2通を提出し、その余は拒んだ。これらの報告書により、自白における犯行順序や遺体損傷状況、犯行後の足取りに関する供述が、客観的事実に反していることが判明し、自白の信用性に疑問が生じたことから、再審開始に至った。

　静岡地裁が1986年5月30日に再審開始を決定し、同地裁が無罪判決を言い渡し確定した（1989年1月31日）。

⑻　榎井村事件

　弁護人が、1951年、請求人は無実であり再審請求の予定である旨を主張して刑事確定訴訟記録の保存を申し出たにもかかわらず、1962年6月に判決書を除いて刑事確定訴訟記録が廃棄された。もっとも、再審請求審の審理中に、警察の調査により、香川県警察本部で保管されている書類綴りに本件及びそれに関連する余罪事件の書類

証拠開示に関する実例集　　131

があることが判明した。裁判所は、三者協議において検察官に対し、上記書類の謄本を、原本と照合した上で証拠として提出するか否かを質したところ、検察官は「別組織である県警保管の文書を、検察庁が入手して提出、あるいは県警に提出させることはできない」と述べた。これに対し、裁判所は「従前からの経緯では、裁判所に原本全部を持参してもらい、既に検察官、弁護人が入手している写し部分以外にも本件と関連する部分があるかどうかを確認することについては暗黙の了解があったように思われる。検察官の方でも、他にも本件と関連する部分があるかどうかの確認ができるように努力してもらいたい」と述べ、裁判所内での法曹三者立会いの下で「原本照合」及び「他に本件に関連する文書がないかどうかの確認」の実施を決めた。これにより未開示証拠も開示されたため、これらの開示証拠が、旧証拠の内容再現にも寄与し、証拠構造の把握や総合評価が十分可能となった。再審無罪となった結果に照らしても、再審事件における保管記録の廃棄が極めて不当であったことが明らかとなり、再審事件における記録保管・廃棄に関する問題点が顕在化した。

高松高裁が1993年11月1日に再審開始を決定し、同高裁が無罪判決を言い渡し確定した（1994年3月22日）。

⑼　足利事件

裁判所は、検察庁から裁判所に提出された後、裁判所の保管庫に保管されている証拠物である「半袖下着」の証拠保全のために押収（刑訴法99条2項〔※現行法の同条3項〕）を決定して押収を行った上で、押収した半袖下着を自治医科大学法医学教室に保管させる旨の決定をした。裁判所の上記措置により、半袖下着はマイナス80℃で保管されることになり、後のDNA型再鑑定が可能となった。

東京高裁が2009年6月23日に再審開始を決定し、宇都宮地裁で無罪が言い渡され確定した（2010年3月26日）。

⑽　東京電力女性社員殺害事件

裁判所が、検察官が保管している膣内容物等の証拠物について、証拠開示の準備行為として、保管するよりも検察庁でDNA型鑑定を求めたところ、検察庁がDNA型鑑定を行った。当該DNA型鑑定によって請求人の犯人性が否定された。

東京高裁が2012年6月7日に再審開始を決定し、検察官の異議申立は棄却され、同高裁で確定第1審の無罪判決に対する検察官の控訴を棄却する判決が言い渡され確定した（2012年11月7日）。

⑾　布川事件

弁護人が個別証拠開示を求め続けたところ、第1次再審で11点、第2次再審及び再審公判で127点、証拠物9点などの証拠開示がなされた。開示された証拠の中でも、逮捕2日後の取調べ録音テープ、頸巻きパンツ、請求人らの痕跡不存在を示す毛髪鑑定書2通、死体検案書、目撃証人の初期供述、捜査報告書等によって、殺害方法や請求

人両名の自白や目撃証言の信用性に疑問があることが判明し、再審開始決定に至った。

水戸地裁土浦支部が2005年9月21日に再審開始を決定し、検察官の即時抗告及び特別抗告がいずれも棄却され、同地裁支部が無罪判決を言い渡し確定した（2011年5月14日）。

⑿　東住吉事件

即時抗告審において、裁判所が「取調べ備忘録・取調べメモに該当する捜査報告書」について証拠開示の勧告をし、検察官が該当する証拠として報告書15通を開示した。即時抗告審決定では、開示された取調備忘録・取調べメモを根拠に取調官の偽証の可能性が指摘され、再審公判では、自白の任意性を否定する根拠の一つとされた。

大阪地裁は2012年3月7日に再審開始を決定し、検察官の即時抗告は棄却され、同地裁で無罪判決が言い渡され確定した（2016年8月10日）。

●─────────その他、証拠開示をめぐる裁判所の訴訟指揮の実例

(1)　大崎事件（第2次即時抗告審）

裁判所は、書面による勧告の形式で、検察官に対し、書類の標目の開示、及び弁護人が類型的に掲げた証拠書類について「その有無を調査し、現存する書類の標目を作成し、申立人弁護人に対して開示されたい」とした。

【福岡高裁宮崎支部勧告書平成25年7月18日】

「当裁判所は、福岡高等検察庁宮崎支部検察官に対し、次のとおり勧告する。

1　申立人弁護人に対し、申立人の第一次再審請求事件にかかる検察庁保管の書類の標目を開示されたい。

2　別紙1及び別紙2記載の各書類について、その有無を調査し、検察庁及び鹿児島県警察に現存する書類（開示済みのものを除く。）の標目を作成し、申立人弁護人に対し、その標目を開示されたい」。

【解説】

大崎事件第2次再審請求においては、再審請求審の中で、検察官が「第1次再審時に検察庁が収集した証拠の標目を作成した」と発言したために、その標目（その意味で、捜査機関が保有している証拠資料の一覧表としての通常の「証拠の標目」とは異なる）の開示を弁護人が求めていたという経緯がある。上記裁判所勧告の第1項は、その標目の開示を勧告したものである。

第2項の別紙は、弁護人が、「供述調書」や「捜査報告書」など、捜査において必ず作成されていたであろう証拠を類型的に記載した書面である。第2次再審請求審時、「未開示証拠は不見当である」との答えしか明らかにしない捜査機関に宛てて、弁護人から「証拠の有無、廃棄の有無、その時期」などを答えさせるために作成した文書であった。

(2)　大崎事件（第3次請求審）

　　第3次再審請求段階でも、弁護人は、改めて未開示の証拠の開示を検察官に求める
よう、裁判所に請求した。裁判所は、それら未開示証拠のうち、弁護人側の法医学鑑定
人の尋問を控えた段階であったので、鹿児島地裁は、被害者の遺体発見時及び解剖時
の写真について、先行して開示するように勧告した（2015年11月4日付）。

(3)　袴田事件（第2次再審請求審）

　　裁判所は、検察官に対し、書面により証拠の開示を勧告した（2011年12月5日付）。

(4)　東住吉事件（即時抗告審）

　　大阪高裁は、請求人らの取調べ備忘録、取調べメモの開示及び証拠開示に関する求
釈明に回答するよう、書面により勧告した（2012年6月18日付）。

(5)　福井女子中学生殺人事件（請求審）

　　名古屋高裁金沢支部は、弁護人が証拠開示を求めている物的証拠の「存否について
明らかにせよ」と書面により勧告し（2007年9月7日）、その検察官の回答の中で「ある」「存
在する」と答えた物証について、弁護人に開示することを勧告した（2008年2月18日付）。

　　さらに弁護人が開示を求めた「供述調書」について、「未開示証拠の有無を明らかに
することを勧告する」（2009年10月13日付）としたうえで、これについてもまた、後に検察
官が「存する」と回答した調書について書面により開示を勧告した（2009年11月12日付）。

(6)　名張事件（第7次異議審）

　　名古屋高裁は、弁護人が請求する具体的な証拠について書面により開示を勧告した
（2006年9月1日）。

3. 証拠の一覧表の必要性を示す実例

(1)　大阪強姦事件

　　標記事案において、裁判所は、決定の形式で、検察官に対し、手持ち証拠の一覧表
を、弁護人に交付することを命じた。

【大阪地裁決定平成27年1月14日（判例時報2347号127頁）】

（主文）「検察官は、弁護人に対し、本件について捜査機関が保管する一切の証拠の一覧
表（証拠書類については、標目、作成年月日及び作成者（供述録取書にあっては供述者）の氏名の一
覧を、証拠物については品名の一覧を、それぞれ記載した書面をいう。）を、平成27年1月31日ま
でに、交付せよ」。

（理由（抜粋））「従前開示された証拠は、このような観点（引用注：前段で新証拠の内容等を指
摘）からの信用性判断に十分であるとは限らず、他にも利用できる証拠のある可能性が
ある。そうすると、弁護人に主張、立証を尽くさせるとともに、実体的真実を発見するた
めには、改めて検察官が所持する証拠について、開示を求める機会を付与することが

相当である（再審請求事件においても、裁判所は、具体的な事情の下で、開示の必要性と開示による弊害とを参酌した上、その訴訟指揮権に基づき、証拠開示を命じることができると解される。最高裁第二小法廷昭和44年4月25日決定（刑集23巻4号248頁）もこれを否定する趣旨とは理解されない。）」。

「当裁判所は、本件の審理を円滑に進行させるため、訴訟指揮権に基づき、検察官に対し、弁護人に、捜査機関の保管する一切の証拠の一覧表を交付することを命ずることにする。このような一覧表の交付を命じることも訴訟指揮権の範囲内と考えられる上に、これによる弊害の生じるおそれが、少なくとも本件において、あるとは考えにくいからである」。

【解説】

　上記決定は、証拠の一覧表の交付を検察官に命じることは、訴訟指揮権の範囲に属し、かつ、昭和44年決定もこれを否定するものではないとの見解に立ったものである。なお、同事件においては、裁判所ではなく、弁護人に対する一覧表の交付が命じられているが、証拠開示に検察官が激しく抵抗している場合や、証拠の存否自体が不明確な場合においては、裁判所が証拠開示に適切に介入するため、検察官に対して証拠の存否の調査を命じ、その結果たる一覧表を裁判所に提出させることも有効である。

⑵　**大崎事件**（第2次即時抗告審）

　大崎事件第2次再審請求では、請求審裁判所（鹿児島地裁）が弁護人の再三の証拠開示命令申立てを一顧だにせず、何らの対応も行わずに請求を棄却したため、弁護人は同即時抗告審において、「証拠開示こそが再審請求における公正な審理の前提として、まずもって実現されるべき積み残し課題」であって、これを行わずに請求について判断するのは「審理不尽である」旨主張した。

　そして、原審において検察官が作成した事実を明言し、検察官と弁護人との間でその開示が争点になっていた「第1次再審請求時に検察官が収集した証拠の標目」の開示、及び捜査機関がいまだに保有しているであろう証拠を類型的・網羅的に整理した照会書（当該証拠群の個別証拠の有無や廃棄事実の有無及びその時期について回答するための書面で、弁護人が作成したもの）について捜査機関が回答をすることを命ずるよう、裁判所に対し、請求した。

　裁判所は、上記請求書提出後の打合わせ期日において、検察官に対し、上記請求についての意見を次回打合わせ期日までに出すよう指示し、検察官の意見が出次第証拠開示についての判断をできるだけ早く行う旨明言した。

　上記の裁判所の指示に対し、検察官は次回打合わせ期日当日に「証拠開示を命ずることは相当ではない」旨の意見書を提出したが、そのわずか1週間後に、裁判所が証拠開示について書面で検察官に勧告を行った。

【福岡高裁宮崎支部平成25年7月18日付勧告】

　「当裁判所は、福岡高等検察庁宮崎支部検察官に対し、次のとおり勧告する。

証拠開示に関する実例集　　135

1 　申立人弁護人に対し、申立人の第一次再審請求事件にかかる検察庁保管の書類の標目を開示されたい。
2 　別紙1及び別紙2記載の各書類について、その有無を調査し、検察庁及び鹿児島県警察に現存する書類（開示済みのものを除く。）の標目を作成し、申立人弁護人に対し、その標目を開示されたい」。

【解説】

　上記勧告は、弁護人の証拠開示命令申立に対し、裁判所が訴訟指揮権に基づいて検察官に勧告したものである。このうち1項については、通常の証拠の標目とは異なるが、本事件で問題になっていた「第1次再審請求時に検察官が収集した証拠の標目」の開示を求めた点、2項については、「証拠の有無を調査し、現存する書類の標目」の作成を命じた点、それらを「弁護人に対し」開示されたい、とする点で極めて画期的な勧告であった。

　なお、検察官は、上記勧告には従わず、「検察官が保管する書類のうち、現時点で開示による弊害がないことなどの確認を了した証拠を裁判所に対して任意に開示する」として五月雨的に212点の証拠を開示した後、「検察官が保管した証拠はすべて開示したため標目の開示の必要性がない」などとして、「リスト開示に応じない」と最後まで抵抗を示した。

　弁護人は「すべて開示したかどうかの検証をするためにも標目を開示すべき」と主張したが、裁判所が「裁判所限りでの検証ならよいか」と検察官に求めたところ「裁判所から要望があれば検討したい」と答えたため、弁護人に対しその旨の上申を出すよう積極的な訴訟指揮を行った。弁護人の上申に応えて、当該標目につきいわゆるインカメラ手続類似の検証（刑訴法316条の27第2項参照）を行った裁判所は、最後にさらに1点の証拠について検察官に開示を勧告し、その証拠も開示された。

(3)　日野町事件（第1次請求審）

　標記事件の第1回三者協議期日（平成13年12月11日付）において、弁護団が全面的証拠開示を求めたところ、裁判長が口頭で「検察官は確定事件についての未提出記録一覧を書面で提出することも検討してください」と述べ、検察官は「検討します」と述べた。1週間後、検察官は、警察から検察官宛に送致された記録の「送致書」（書証及び証拠物の目録添付のもの）合計34通の写しを弁護団と裁判所に提出した。ただし、その多くを占める「犯罪捜査復命書」が年月日と作成者氏名のみの記載であり、その内容の要旨が不明であったため、第2回期日（平成14年1月29日付）及び第3回期日（同年3月16日付）において弁護人が各証拠の立証趣旨ないし内容の要旨を明らかにするように求めたところ、検察官は送致書34通、合計516点の書証について、後記のような要旨の記載を含む一覧表を作成し、弁護人に交付した。これにより、警察からの送致証拠の概要が明らかになり、第1次再審請求審のみならず、第2次再審請求審においても、当該一覧表の記載

136　付録

を軸として証拠開示請求が行われ、裁判所が証拠開示の必要性や開示にかかる証拠の位置づけを理解するために重要な機能を果たし、結果として証拠開示が大きく進展する原動力となった。

【検察官から弁護人に交付された一覧表】

文書の標目	作成年月日	作成者	要旨
1 犯罪捜査復命書	S63.3.7	甲（警察官実名）	捜査の端緒・経過
2 電話受信簿	S59.12.29	乙（警察官実名）	Vの捜索願の電話を受理したこと
3 犯罪捜査復命書	S59.12.30	丙（警察官実名）	Vの失踪時の状況等

(4)　補足

　上記のほか、狭山事件（第3次請求審）では、証拠物に限定してであるが、その一覧表について、裁判所の再三の要請により、検察官はこれに応じ、（法務省の「証拠品事務規程」に定められている）領置票（高検保管の証拠物279点を記載）の写しを弁護人に交付した。

　また、松橋事件（請求審）においては、弁護人が求めていた証拠開示申立てに対して、2013年12月9日、検察官に対し、書面で証拠開示勧告を行った。その内容は、犯行現場に残された血痕や指紋、足跡などに関する鑑定書等の客観的な証拠、及び、未提出の関係者の供述調書等11項目について、①目録を作成の上、裁判所及び弁護人に開示せよ、②証拠を弁護人に開示せよ、というものであった。

4. 裁判所の主導による証拠の存否の調査の重要性を示す実例

(1)　榎井村事件

　裁判所は、第12回三者協議（高松高裁平成4年7月6日付期日調書）で、検察官に対し、県警保管の「昭和弐壹年重要犯罪捜査報告綴」と「重大凶悪犯」の綴りの謄本を、原本と照合した上で証拠として提出するか否かを質したところ、検察官は1992年7月15日の協議期日で「別組織である県警保管の文書を、検察庁が入手して提出、あるいは県警に提出させることはできない」と述べた。これに対し、裁判所は「従前からの経緯では、裁判所に原本全部を持参してもらい、既に検察官、弁護人が入手している写し部分以外にも本件と関連する部分があるかどうかを確認することについては暗黙の了解があったように思われる。検察官の方でも、他にも本件と関連する部分があるかどうかの確認ができるように努力してもらいたい」と述べ、裁判所内での法曹三者立会いの下で「原本照合」及び「他に本件に関連する文書がないかどうかの確認」の実施を決めた。1992年7月20日、裁判所で、照合及び確認作業の仕方に関する打ち合わせを行い、法曹三者で定めた条件で県警に協力要請をすることで合意をみた（「照合・確認は裁判所の法廷内で行い、警察官が立会いを希望するなら傍聴席で待機する」「照合・確認の際、謄本で提出されたもの以

外に本件と関連性があると判断された文書は、後日県警に謄本を作成して提出してもらう。不鮮明な箇所は、弁護人の希望どおり、謄本作成者の方で明確にし、認証文言を付加してもらう」等)。その結果、県警保管の上記文書綴りの謄本が弁護人に送付され、1992年11月16日に裁判所で法曹三者及び警察官立会いの下での証拠の照合・確認作業が実施された。

(2) **名張事件**(第5次特別抗告審、第7次異議審)

① 裁判所は、検察官に対し、供述調書の存否を調査し、その結果を回答するよう照会した(最高裁平成8年10月21日付照会)。

② 裁判所は、検察官に対し、供述録取書等や写真などの存否を調査し、その結果を回答するよう照会した(名古屋高裁平成18年8月8日付照会)。

(3) **福井女子中学生殺人事件**(請求審)

① 裁判所は、検察官に対し、写真、ネガフィルム、被害者の着衣等の証拠物、鑑定・鑑識書類、捜査報告書等の存否(存在する場合には、その表題)を明らかにするよう勧告した(名古屋高裁金沢支部平成19年9月7日付勧告)。

② 裁判所は、検察官に対し、供述調書(警察署で保管中のものを含む)について、未開示証拠の有無を明らかにするよう勧告した(名古屋高裁金沢支部平成21年10月13日付勧告)。

(4) **松橋事件**(請求審)

① 裁判所は、検察官に対し、証拠物に関する鑑定嘱託書・鑑定書・捜査報告書等、実況見分が行われた際の写真・ネガ・ビデオテープ・録音テープ、被告人及び関係者の供述録取書等・取調小票・取調メモ等について、その有無を調査し、検察庁及び熊本県警察に現存する該当証拠について、その目録(表題、作成者、供述者、作成年月日を記載したもの)を作成し、裁判所に提出するとともに、弁護人に開示するよう勧告した(熊本地裁平成25年12月9日付勧告、同月18日付勧告)。

② 裁判所は、検察官に対し、開示証拠の作成日及び作成者供述調書(警察署で保管中のものを含む)について、調査等を踏まえた検討結果を釈明することを求めるとともに、その他の証拠の存否等についても任意の釈明を求め、開示された証拠以外に未開示の証拠は存在しないと判断した際の調査の範囲、方法について任意での釈明を検討するよう求めた(熊本地裁平成26年10月3日付求釈明等)。

(5) **東住吉事件**(即時抗告審)

裁判所は、検察官に対し、「不存在」との回答は、検察官の保管記録に存在しないという趣旨か、警察にも存在しないという趣旨か、前者であれば、その存否を調査した上で、その存否及び開示の可否について、後者であれば、過去に存在したことがあったのか否か(あったとすれば、その後どうなったのか)について、回答するよう勧告した(大阪高裁平成24年6月18日付勧告)。

(6) **大崎事件**(第2次即時抗告審)

裁判所は、検察官に対し、証拠物に関する捜査報告書・鑑定嘱託書・鑑定書や関係

者の供述録取書等の証拠について、その有無を調査し、検察庁及び鹿児島県警察に現存する書類の標目を作成し、その標目を弁護人に開示するよう勧告した（福岡高裁宮崎支部平成25年7月18日付勧告）。

また、裁判所は、検察官に対し、検察官が従前作成していた「第一次再審において検察官が収集した証拠の標目」について、いわゆるインカメラ手続（刑訴法316条の27第2項参照）で確認することを期日において宣言し、検察官に提出を求めた（同平成25年12月25日付打合せ調書）。裁判所は、上記インカメラ手続の結果、すでに開示された212点の証拠に加え、さらに1点の証拠について、検察官に対し開示を勧告した（同平成26年2月20日付打合せ調書）

(7) 東京電力女性社員殺害事件（請求審）

① 裁判所は、検察官に対し、DNA型鑑定の対象となり得るものについて、対象物の有無と保管状況を裁判所に明らかにするよう求めた（東京高裁平成21年12月15日付打合せメモ）。

② 裁判所は、検察官に対し、検察官が保管している腟内容物等の証拠物については、証拠開示の準備的行為として、「できる物については、保管するよりも検察庁でDNA型鑑定をし、その分析結果を開示することを強く希望する」旨要請した（東京高裁平成23年1月28日付打合せメモ）。

(8) 飯塚事件（請求審）

裁判所は、検察官に対し、元被告人の車両を確認した捜査員の捜査結果（メモなども含む）、元被告人やその妻に対して聞き込みをしたこと及びその結果を記載した書類等について、福岡県警へ照会を行うことの検討を依頼した（福岡高裁平成27年5月13日付打合せ調書）。

また、検察官から「本件とは関係のない部分が含まれている」との理由で一部マスキングされた抄本が開示された捜査報告書について、裁判所は、検察官に対し、マスキングされた部分をまず裁判所限りで開示させた。その上で、マスキングされた部分は関係者の供述の信用性を評価するにあたり関係がないとは言えず、プライバシーが侵害されるなどの弊害も考えられないと判断し、同部分も弁護人に開示するよう検察官に対して勧告した（福岡地裁平成24年10月25日付打合せ調書）。

(9) 日野町事件（第2次請求審）

① 裁判所が検察官に対し、作成された期間に関わらず、アリバイに関する供述調書、捜査報告書、捜査メモ等のうち、まだ提出等していないものについて一覧表を作成提出するよう指示し（大津地裁平成27年5月26日付期日調書）、検察官が一覧表を作成・提出した（同平成27年7月1日）。

② ①とは別の場面での例であるが、裁判所は検察官に対し、「検察庁に保管されているいわゆる未送致記録（注：正規の送致手続が取られていないが、第二次再審請求係属後、事実

証拠開示に関する実例集　139

上検察庁が取り寄せて保管しているとされる証拠）の中の、ネガ・写真を含む証拠物について、一覧表を作成、提出されたい。それ以外に警察で残っている証拠物があれば、それらも付け加えていただきたい」と勧告した（同平成28年11月8日付期日調書）。

検察官はこれに対し平成29年2月3日付で証拠品一覧表（417点）を作成し、一覧表を裁判所に提出した上、同証拠物を弁護団に開示した。開示証拠を閲覧した弁護団が、なお証拠物の一部が未開示である可能性を指摘したところ、裁判所はさらに、「金庫発見現場での散乱物の写真およびネガ、指掌紋、被害者の爪を含む未開示の証拠物すべて」「指掌紋に関する鑑定または検査等の結果が記載されている書面」「被害者の爪に関する鑑定又は検査等の結果が記載されている書面」等を対象として、「検察官に対し、存否の確認を求め、仮に存在する場合その開示を求める」との職権発動を行った（同平成29年6月1日付期日調書・同調書添付書面）。

これに対して、検察官はいったん「既に開示済みのもの以外は存在しない」旨回答したが（平成29年8月18日付検察官意見書）、その後、滋賀県警察本部鑑識課倉庫内から指掌紋を採取したゼラチン紙等の証拠品22点および鑑識関係書類3点が「発見された」として新たに開示された。裁判所は、「裁判所が……存否確認および存在する場合の開示を求めた証拠物の一部につき、検察官が不存在と回答した証拠物が後に発見された経過について、本来あってはならない事態であって遺憾である。検察官が自ら現に保管する証拠に限らず、当該事件の捜査の過程で作成され又は入手された書面、物等であって、公務員が職務上保管し、検察官による入手が容易なものについては、証拠開示の対象になると考えられる。……本件事案の重大性や裁判所が開示を求める当該証拠の重要性に鑑み、未開示の証拠が思わぬ保管場所に存在するのではないかとの疑念が生じたことは否定できない。検察官におかれては、今一度、少なくとも被害者の爪を含む証拠物等について、調査していない保管場所があるのではないか、改めて漏れのない緻密な確認を行った上、その経緯について報告書を提出されたい」との職権発動を行った（平成29年10月19日付期日調書）。

5. 裁判所による証拠開示命令・勧告の必要性を示す実例

(1)　名張事件（第7次異議審）
裁判所は、検察官に対し、警察官調書及び実況見分調書の警察控えを弁護人に開示するよう勧告した（名古屋高裁平成18年9月1日付勧告）。

(2)　袴田事件（第2次再審請求審）
裁判所は、検察官に対し、供述調書、鑑定書、写真（ネガフィルムを含む）、取調状況を録音した録音テープ、捜査報告書等、多数の証拠を弁護人に開示するよう勧告した（静岡地裁平成23年12月5日付勧告）。

140　付録

(3) 日野町事件（第2次再審請求審）

① 　裁判所は、検察官に対し、遺体発見現場引当実況見分時や犯行再現実況見分時等に撮影された写真及びネガを、事前に弁護人に開示した上で、裁判所に提出するよう求めた（大津地裁平成25年7月12日付打合せ調書）。

② 　裁判所は、検察官に対し、検察庁の領置番号が付された証拠物について、標目の一覧表を作成、開示することを勧告し（同平成24年5月26日付打合せ調書）、次の期日において検察官が作成・提出した「証拠品一覧表」について、同記載の証拠物について開示を勧告した（同平成28年7月21日付打合せ調書）。

(4) 福井女子中学生殺人事件（請求審）

① 　裁判所は、検察官に対し、写真、ネガフィルム、被害者の着衣等の証拠物、鑑定・鑑識書類、捜査報告書等を弁護人に開示するよう勧告した（名古屋高裁金沢支部平成20年2月18日付勧告）。

② 　裁判所は、検察官に対し、供述調書を弁護人に開示するよう勧告した（名古屋高裁金沢支部平成21年11月12日付勧告）。

(5) 松橋事件（請求審）

① 　裁判所は、検察官に対し、証拠物に関する鑑定嘱託書・鑑定書・捜査報告書等、実況見分が行われた際の写真・ネガ・ビデオテープ・録音テープ、被告人及び関係者の供述録取書等・取調小票・取調メモ等について、その有無を調査し、検察庁及び熊本県警察に現存する該当証拠について、その標目（表題、作成者、供述者、作成年月日を記載したもの）を弁護人に開示するよう勧告した（熊本地裁平成25年12月9日付勧告、同月18日付勧告）。

② 　裁判所は、検察官に対し、実況見分の状況を撮影したビデオテープの現物を開示するよう勧告した（熊本地裁平成26年10月3日付求釈明等）。

(6) 東住吉事件（即時抗告審）

① 　裁判所は、検察官に対し、取調べ備忘録・取調べメモの開示を勧告した（大阪高裁平成24年6月18日付勧告）。

② 　裁判所は、検察官に対し、ガソリンスタンド関係者の書類は、開示相当と考えるので、開示する方向で検討するよう求めた（大阪高裁平成25年11月11日付打合せ調書）。

(7) 布川事件（第2次請求審）

　裁判所は、検察官に対し、目撃証人の捜査報告書、供述調書等を提出するよう依頼した（水戸地裁土浦支部平成15年10月16日付依頼書）。

(8) 狭山事件（第3次請求審）

　裁判所は、検察官に対し、現場撮影8ミリフィルム、再審請求人の筆跡が存在する書類、被害者の死体に関する写真、再審請求人及び関係者の取調小票、取調べメモ（手控え）、備忘録、供述調書案等の開示を勧告した（東京高裁平成21年12月16日付打合せメモ）。

証拠開示に関する実例集　　141

(9)　恵庭事件（第1次請求審）

　　裁判所は、検察官に対し、弁護人が証拠開示を求めた客観的証拠（GC、MS関係の書類、検死調書）や関係する供述調書（目撃者の初期の供述調書、消防署員の供述調書）等を、優先的に証拠開示するように求めた（札幌地裁平成23年12月18日付打合せ調書）。

(10)　大崎事件（第2次即時抗告審・第3次再審）

①　第2次即時抗告審において、裁判所は、検察官に対し、証拠物に関する捜査報告書・鑑定嘱託書・鑑定書や関係者の供述録取書等の証拠について、その有無を調査し、検察庁及び鹿児島県警察に現存する書類の標目を作成し、その標目を弁護人に開示するよう勧告した（福岡高裁宮崎支部平成25年7月18日付勧告）

②　裁判所は、検察官に対し、検察官が従前作成していた「第一次再審において検察官が収集した証拠の標目」について、いわゆるインカメラ手続（刑訴法316条の27第2項参照）で確認することを期日において宣言し、検察官に提出を求めた（同平成25年12月25日付打合せ調書）。

③　裁判所は、上記インカメラ手続の結果、すでに開示された212点の証拠に加え、さらに1点の証拠について検察官に対し開示を勧告した（同平成26年2月20日付打合せ調書）。

④　大崎事件第3次再審請求審において、裁判所は、法医学鑑定人尋問の準備に必要な、遺体発見時及び司法解剖時のネガの原本について、他の証拠に先んじて開示するよう、検察官に求めた（鹿児島地裁平成27年11月4日付打合せメモ）。

⑤　同審において、裁判所は、弁護人の証拠開示命令申立書について、検察官に対し、期限を区切り、文書で回答するよう求めた（同平成28年9月12日第9回進行協議期日調書）。

(11)　飯塚事件（請求審）

　　検察官から「本件とは関係のない部分が含まれている」との理由で一部マスキングした上で抄本が開示された捜査報告書について、裁判所は、検察官に対し、マスキングされた箇所は関係者の供述の信用性を評価するにあたり関係がないとは言えず、プライバシーが侵害されるなどの弊害も考えられないとの理由で、同捜査報告書のマスキングされた部分についても弁護人に開示するよう勧告した（福岡地裁平成24年10月25日付打合せ調書）。

6. 裁判所が検察官手持ち証拠を裁判所に提出させる措置の有効性を示す実例

(1)　大崎事件（第2次即時抗告審）

　　大崎事件第2次即時抗告審においては、裁判所から検察官に対し、書面による証拠開示勧告がなされたが、その前後を通じて、合計213点の証拠が「裁判所に対し、任意に」開示された。

142　付録

もっとも、その際、裁判所は、開示証拠をそのまま弁号証（弁護人請求証拠）とはせずに、開示証拠の取調べは、弁護人による証拠の吟味を経て、弁号証として提出されたものに限られた。また、検察官も「裁判所に対し」て開示すると述べているものの、実際には、裁判所に提出する開示証拠の写しとともに、弁護人に対して手交するための写しも同様に持参していたのであって、実質的には弁護人側に不利にならないような運用による証拠開示がなされた。

(2)　日野町事件（第2次請求審）

①　裁判所は、検察官に対し、被害金庫発見時に実施された実況見分時に撮影された写真及びネガを裁判所に提出するよう求めた（大津地裁平成27年1月27日付打合せ調書）。これに応じて検察官がネガを提出したが、更に「金庫発見現場以外で撮影したことを理由に提出していなかったもの」についても裁判所に提出するよう求めた（同平成27年11月17日付打合せ調書）。

②　裁判所は、検察官に対し、送致記録一覧表に記載のある関係者（事件発生とされる日に被害者方を訪問した可能性のある知人）の供述調書を裁判所に提出するよう求めた（同平成28年1月14日付打合せ調書）。

7. 証拠開示の不十分を審理不尽とすべきことを示す実例

(1)　大崎事件（第2次即時抗告審）

　大崎事件第2次再審請求審は、請求人が提出した鑑定書を作成した鑑定人の尋問もせず、証拠開示に向けた裁判所の動きもないまま、再審請求の棄却決定を行った。これに対し、弁護人は「審理不尽」も理由の一つとして即時抗告を行ったところ、即時抗告審裁判所は、抗告審であったが証拠開示の勧告を行い、また、新証拠にかかる鑑定人等の証人尋問を行うなどしたうえで「審理不尽」との抗告理由を退けた。

【福岡高裁宮崎支部決定平成26年7月15日LEX/DB25445527】

　「なお、原審の審理不尽をいう点については、当審において、検察官に対し証拠開示の勧告をし、また、3名の証人尋問をしているから、その判断をするまでもなく、抗告の理由がない」。

【解説】

　上記決定によれば、逆に、検察官に対して証拠開示の勧告をせず、鑑定人らの証人尋問をしなければ審理を尽くしたことにならなかったとの判断が窺える。

8. 検察官が証拠の存否を調査したのちに、具体的な報告を行うべき 必要性を示す実例

(1) 大崎事件（第3次請求審）

　弁護人が、具体的な個別証拠の存在と開示の必要性を述べたうえで、当該証拠の開示を検察官に求めるよう、裁判所に請求したところ、裁判所は、打合せ期日において、検察官に対し、口頭ながら、弁護人が請求した証拠が存在する蓋然性が肯定されることを前提として、「探索し、存在したなら開示を勧告する予定であるから、当初からそれを見越した対応をとること」「もし不存在ならば、存在しない合理的な理由を具体的に付した回答を文書で提出すること」を求めた。

　※大崎事件において、検察官が「不存在」と回答したことに対する裁判所のさらなる積極的な勧告は初めてのことであった。その結果、捜査機関は「これまで未開示であった新たなネガが18本、志布志警察署の写真室から見つかった」旨を報告するとともに、所轄署と県警本部において、捜索した場所と要した捜査員数などを明示した報告書を提出し「大崎事件の証拠は、もはや県警には金輪際存在しない」との回答を行った。検察官の要請を受けた鹿児島県警察が、開示証拠の探索場所の報告をしたこと、さらには大崎事件の未開示証拠は「金輪際存在しない」との明言を行ったことも初めてであった。

(2) 日野町事件（第2次請求審）

　裁判所が、検察官に対し証拠の一覧表の作成及び提出を求めたうえで、未開示証拠の開示勧告を行ったところ、検察官が一度未開示証拠は不存在との回答を行ったのち、新たに指掌紋を採取したゼラチン紙や現場指紋検出結果報告書等の未開示証拠を開示するに至った。

　それに対して裁判所が「裁判所が……存否確認および存在する場合の開示を求めた証拠物の一部につき、検察官が不存在と回答した証拠物が後に発見された経過について、本来あってはならない事態であって遺憾である。検察官が自ら現に保管する証拠に限らず、当該事件の捜査の過程で作成され又は入手された書面、物等であって、公務員が職務上保管し、検察官による入手が容易なものについては、証拠開示の対象になると考えられる。……本件事案の重大性や裁判所が開示を求める当該証拠の重要性に鑑み、未開示の証拠が思わぬ保管場所に存在するのではないかとの疑念が生じたことは否定できない。検察官におかれては、今一度、少なくとも被害者の爪を含む証拠物等について、調査していない保管場所があるのではないか、改めて漏れのない緻密な確認を行った上、その経緯について報告書を提出されたい」との職権発動を行った（平成29年10月19日付期日調書）。

　これに対して検察官は、県警本部及び所轄署の各部署の「再捜索」を実施したとして、捜索日程と捜索箇所を特定し、捜索中の状況の写真を添付した報告書を提出し、「未開

示の証拠品は存在しないことが確認された」とする「県警本部刑事部刑事企画課公判対応係」作成の報告書を提出した。

9. 検察官が裁判所の訴訟指揮に従わなければならないことを明文で定めるべきことを示す実例（命令に従わなかった例）

(1) 大阪強姦事件

裁判所は、決定の形式で、検察官に対し、手持ち証拠の一覧表を弁護人に交付することを命じた（大阪地裁決定平成27年1月14日判例時報2347号127頁）が、検察官は、一覧表の開示を拒否した。本事件は、再審開始決定の後、再審公判において無罪が確定したが、検察官が上記証拠の一覧表開示命令に違反したことについて、現在国家賠償請求訴訟が係属中である。

10. 再審請求前における証拠開示の必要性を示す実例

(1) 松橋事件（再審請求の前段階）

弁護人が、再審請求申立前に、検察庁で証拠物の閲覧を求めたところ、焼却されたはずのシャツの左袖部分の布片（自白によれば凶器に巻き付けたとされる布）が開示された。この開示証拠により、被告人が犯行に使用したのちに焼損したと自白した上記布片について、その布片が焼損されておらず、被告人の自白に客観的状況と矛盾する部分があることが明らかとなり、再審開始の原動力となった。熊本地裁が2016年6月30日に再審開始を決定し、2017年11月29日、福岡高裁も検察官の即時抗告を棄却して再審開始決定を維持した（現在、特別抗告審が最高裁に係属中）。

(2) 姫路郵便局強盗事件（請求審）

検察庁から押収品の還付を受けた際、強盗犯人が着用していた雨合羽や目出し帽の交付を受けた。この証拠開示により、これらの証拠物の付着物について、DNA型鑑定の実施が可能となった。加えて、目出し帽に付着物や毛髪が残っており、科学的鑑定がされていたにもかかわらず、確定審段階では科学的証拠の提出がされなかったことも判明した。

11. 科学的証拠について特別の定めを行うべきことを示す実例

(1) 足利事件

再審請求前に検察庁から裁判所に提出された後、裁判所の保管庫に保管されていた証拠物の半袖下着を確認したところ、ビニール袋に入ったままロッカーに保管されてお

証拠開示に関する実例集　145

り、一部カビが発生していることが確認された。そこで、弁護人において、再審請求と同時に証拠保全請求を行い、マイナス80℃で保管できるように専門施設に保管するなど、DNA劣化を防ぐ必要な措置を求めた。そうしたところ、裁判所は、同裁判所の押収物主任官に対して半袖下着を提出するよう決定し、同決定に基づいて半袖下着を押収した上、これを自治医科大学の専門施設においてマイナス80℃で保管することとした。これにより、DNA 型再鑑定が実現した。

(2) 東京電力女性社員殺害事件（請求審）

　打ち合わせ期日において、弁護人が、足利事件をふまえて、DNA 型鑑定の実施状況や鑑定資料の保管状況を明らかにするよう強く求めたところ、裁判官より、検察官に対し、「DNA型鑑定の対象物となりうるものについては、特にきちんと適切に保管されているかどうかを把握しておく責任があると考えているので、責任の所在という観点からも、対象物の有無と保管状況の現状について、明確にしていただきたい」との発言がなされた。これを受けて、検察官から前記の事項について回答がなされたが、その結果に含まれていた腟内容物等について、弁護人がDNA型鑑定を請求したところ、打ち合わせ期日において、裁判官から検察官に対し、「証拠開示勧告や証拠開示命令を発する趣旨ではないが、検察官が保管している腟内容物等の証拠物については、証拠開示の準備的行為として、できる物については、保管するよりも検察庁でDNA型鑑定をし、その分析結果を開示することを強く希望する」旨の発言がなされ、DNA型鑑定が実現されるに至った。

　なお、ショルダーバッグの検体のDNA型溶液については、原審の鑑定書では一部しか費消してない旨の記載があるにもかかわらず、再審請求審の初期に残量の保管の有無の弁護士会照会を行った上で求釈明を申し立てたところ、検察官より保管はない旨の回答があった。

(3) 飯塚事件（請求審）

　DNA型鑑定関連資料の一部につき、検察官は、「廃棄したものと思われ」現時点では不存在であるとの曖昧な弁明をし、廃棄の時期についても不明と述べた。

　なお、確定控訴審判決（福岡高裁判決平成11年9月29日高等裁判所刑事裁判速報集（平成13）号219頁）において、「本件では、科警研の検査で資料をほとんど使っているが、検査の結果がなかなか出にくかったことなどを考慮すれば、残量が少なくなったのもやむを得ないという事情があること、殊更再鑑定を避けるために費消するなどの不適切な事情も見当たらないことからすれば、資料をほとんど使い切ったからといって、その故をもって証拠能力を否定すべきものと解されない」との判示がされている。

刑事訴訟法 第4編 再審（条文）

435条　再審の請求は、左の場合において、有罪の言渡をした確定判決に対して、その言渡を受けた者の利益のために、これをすることができる。

1　原判決の証拠となつた証拠書類又は証拠物が確定判決により偽造又は変造であつたことが証明されたとき。

2　原判決の証拠となつた証言、鑑定、通訳又は翻訳が確定判決により虚偽であつたことが証明されたとき。

3　有罪の言渡を受けた者を誣告した罪が確定判決により証明されたとき。但し、誣告により有罪の言渡を受けたときに限る。

4　原判決の証拠となつた裁判が確定裁判により変更されたとき。

5　特許権、実用新案権、意匠権又は商標権を害した罪により有罪の言渡をした事件について、その権利の無効の審決が確定したとき、又は無効の判決があつたとき。

6　有罪の言渡を受けた者に対して無罪若しくは免訴を言い渡し、刑の言渡を受けた者に対して刑の免除を言い渡し、又は原判決において認めた罪より軽い罪を認めるべき明らかな証拠をあらたに発見したとき。

7　原判決に関与した裁判官、原判決の証拠となつた証拠書類の作成に関与した裁判官又は原判決の証拠となつた書面を作成し若しくは供述をした検察官、検察事務官若しくは司法警察職員が被告事件について職務に関する罪を犯したことが確定判決により証明されたとき。但し、原判決をする前に裁判官、検察官、検察事務官又は司法警察職員に対して公訴の提起があつた場合には、原判決をした裁判所がその事実を知らなかつたときに限る。

436条　再審の請求は、左の場合において、控訴又は上告を棄却した確定判決に対して、その言渡を受けた者の利益のために、これをすることができる。

1　前条第1号又は第2号に規定する事由があるとき。

2　原判決又はその証拠となつた証拠書類の作成に関与した裁判官について前条第七号に規定する事由があるとき。

②　第一審の確定判決に対して再審の請求をした事件について再審の判決があつた後は、控訴棄却の判決に対しては、再審の請求をすることはできない。

③　第一審又は第二審の確定判決に対して再審の請求をした事件について再審の判決があつた後は、上告棄却の判決に対しては、再審の請求をすることはできない。

437条　前二条の規定に従い、確定判決により犯罪が証明されたことを再審の請求の

理由とすべき場合において、その確定判決を得ることができないときは、その事実を証明して再審の請求をすることができる。但し、証拠がないという理由によつて確定判決を得ることができないときは、この限りでない。

438条　再審の請求は、原判決をした裁判所がこれを管轄する。

439条　再審の請求は、左の者がこれをすることができる。

1　検察官

2　有罪の言渡を受けた者

3　有罪の言渡を受けた者の法定代理人及び保佐人

4　有罪の言渡を受けた者が死亡し、又は心神喪失の状態に在る場合には、その配偶者、直系の親族及び兄弟姉妹

②　435条第7号又は第436条第1項第2号に規定する事由による再審の請求は、有罪の言渡を受けた者がその罪を犯させた場合には、検察官でなければこれをすることができない。

440条　検察官以外の者は、再審の請求をする場合には、弁護人を選任することができる。

②　前項の規定による弁護人の選任は、再審の判決があるまでその効力を有する。

441条　再審の請求は、刑の執行が終り、又はその執行を受けることがないようになつたときでも、これをすることができる。

442条　再審の請求は、刑の執行を停止する効力を有しない。但し、管轄裁判所に対応する検察庁の検察官は、再審の請求についての裁判があるまで刑の執行を停止することができる。

443条　再審の請求は、これを取り下げることができる。

②　再審の請求を取り下げた者は、同一の理由によつては、更に再審の請求をすることができない。

444条　第366条の規定は、再審の請求及びその取下についてこれを準用する。

445条　再審の請求を受けた裁判所は、必要があるときは、合議体の構成員に再審の請求の理由について、事実の取調をさせ、又は地方裁判所、家庭裁判所若しくは簡易裁判所の裁判官にこれを嘱託することができる。この場合には、受命裁判官及び受託裁判官は、裁判所又は裁判長と同一の権限を有する。

446条　再審の請求が法令上の方式に違反し、又は請求権の消滅後にされたものであるときは、決定でこれを棄却しなければならない。

447条　再審の請求が理由のないときは、決定でこれを棄却しなければならない。

②　前項の決定があつたときは、何人も、同一の理由によつては、更に再審の請求をすることはできない。

448条　再審の請求が理由のあるときは、再審開始の決定をしなければならない。

② 再審開始の決定をしたときは、決定で刑の執行を停止することができる。

449条 控訴を棄却した確定判決とその判決によつて確定した第一審の判決とに対して再審の請求があつた場合において、第一審裁判所が再審の判決をしたときは、控訴裁判所は、決定で再審の請求を棄却しなければならない。

② 第一審又は第二審の判決に対する上告を棄却した判決とその判決によつて確定した第一審又は第二審の判決とに対して再審の請求があつた場合において、第一審裁判所又は控訴裁判所が再審の判決をしたときは、上告裁判所は、決定で再審の請求を棄却しなければならない。

450条 第446条、第447条第1項、第448条第1項又は前条第1項の決定に対しては、即時抗告をすることができる。

第451条 裁判所は、再審開始の決定が確定した事件については、第449条の場合を除いては、その審級に従い、更に審判をしなければならない。

② 左の場合には、第314条第1項本文及び第339条第1項第4号の規定は、前項の審判にこれを適用しない。

　1　死亡者又は回復の見込がない心神喪失者のために再審の請求がされたとき。

　2　有罪の言渡を受けた者が、再審の判決がある前に、死亡し、又は心神喪失の状態に陥りその回復の見込がないとき。

③ 前項の場合には、被告人の出頭がなくても、審判をすることができる。但し、弁護人が出頭しなければ開廷することはできない。

④ 第二項の場合において、再審の請求をした者が弁護人を選任しないときは、裁判長は、職権で弁護人を附しなければならない。

452条 再審においては、原判決の刑より重い刑を言い渡すことはできない。

453条 再審において無罪の言渡をしたときは、官報及び新聞紙に掲載して、その判決を公示しなければならない。

執筆者一覧（掲載順）

鴨志田祐美（かもしだ・ゆみ）　　弁護士（鹿児島県弁護士会）　大崎事件弁護団

村木厚子（むらき・あつこ）　　元厚生労働事務次官
　　　　　　　　　　　　　　　法制審議会「新時代の刑事司法制度特別部会」有識者委員

佐藤米生（さとう・よねお）　　弁護士（第一東京弁護士会）　布川事件弁護団

戸舘圭之（とだて・よしゆき）　　弁護士（第二東京弁護士会）　袴田事件弁護団

増山洋平（ましやま・ようへい）　　弁護士（鹿児島県弁護士会）　大崎事件弁護団

三角　恒（みすみ・こう）　　弁護士（熊本県弁護士会）　松橋事件弁護団

泉　武臣（いずみ・たけおみ）　　弁護士（鹿児島県弁護士会）　大崎事件弁護団

石側亮太（いしがわ・りょうた）　　弁護士（京都弁護士会）　日野町事件弁護団

岩田　務（いわた・つとむ）　　弁護士（福岡県弁護士会）　飯塚事件弁護団

野尻昌宏（のじり・まさひろ）　　弁護士（第一東京弁護士会）　飯塚事件弁護団

鈴木郁子（すずき・いくこ）　　弁護士（第二東京弁護士会）　東京電力女性社員殺害事件弁護団

山本了宣（やまもと・りょうせん）　　弁護士（大阪弁護士会）　大阪強姦事件弁護団

斎藤　司（さいとう・つかさ）　　龍谷大学法学部教授

指宿　信（いぶすき・まこと）　　成城大学法学部教授

安部祥太（あべ・しょうた）　　青山学院大学法学部助教

李　怡修（りー・いしゅう）　　一橋大学大学院法学研究科博士後期課程

周防正行（すお・まさゆき）　　映画監督
　　　　　　　　　　　　　　　法制審議会「新時代の刑事司法制度特別部会」有識者委員

水野智幸（みずの・ともゆき）　　法政大学大学院法務研究科教授（元裁判官）

郷原信郎（ごうはら・のぶお）　　弁護士（第一東京弁護士会、元検察官）

江川紹子（えがわ・しょうこ）　　ジャーナリスト　「検察の在り方検討会議」有識者委員

上地大三郎（かみじ・だいざぶろう）　　弁護士（徳島弁護士会）
　　　　　　　　　　　　　　　東京電力女性社員殺害事件弁護団、東住吉事件弁護団

隠された証拠が冤罪を晴らす

再審における証拠開示の法制化に向けて

2018年10月15日　第1版第1刷発行

編　者……日本弁護士連合会 再審における証拠開示に関する特別部会
発行人……成澤壽信
編集人……北井大輔
発行所……株式会社 現代人文社
　　　　　東京都新宿区四谷2-10 八ツ橋ビル7階 (〒160-0004)
　　　　　Tel.03-5379-0307 (代)　Fax.03-5379-5388
　　　　　henshu@genjin.jp (編集部)　hanbai@genjin.jp (販売部)
　　　　　http://www.genjin.jp/
発売所……株式会社 大学図書
印刷所……株式会社 平河工業社
装　幀……Malpu Design (陳 湘婷)
検印省略　Printed in JAPAN
ISBN978-4-87798-712-1 C0032

本書の一部あるいは全部を無断で複写・転載・転訳載などをすること、または磁気媒体等に入力することは、法律で認められた場合を除き、著作者および出版者の権利の侵害となりますので、これらの行為を行う場合には、あらかじめ小社または編者宛てに承諾を求めてください。